我的青春我的梦
全国中学生校园美文精品集萃丛书

试看长桥杨柳色，都不忍、正依依

消失了长度的夏天

《中学生博览》杂志社 选编

时代文艺出版社

图书在版编目（CIP）数据

消失了长度的夏天 /《中学生博览》杂志社选编 . —长春：时代文艺出版社，
2018.8（2023.6重印）
（"我的青春我的梦"全国中学生校园美文精品集萃丛书）

ISBN 978-7-5387-5708-8

Ⅰ. ①消… Ⅱ. ①中… Ⅲ. ①作文－中学－选集 Ⅳ. ①H194.5

中国版本图书馆CIP数据核字（2018）第004273号

出 品 人　陈　琛

产品总监　郭力家

责任编辑　王　峰

助理编辑　史　航

装帧设计　李　斌

排版制作　隋淑凤

消失了长度的夏天

《中学生博览》杂志社　选编

出版发行 / 时代文艺出版社

地址 / 长春市福祉大路5788号　龙腾国际大厦A座15层　邮编 / 130118

总编办 / 0431-81629751　发行部 / 0431-81629758

官方微博 / weibo.com / tlapress

印刷 / 北京一鑫印务有限责任公司

开本 / 700mm×980mm　1 / 16　字数 / 153千字　印张 / 11

版次 / 2018年8月第1版　印次 / 2023年6月第5次印刷　定价 / 34.80元

编 委 会

编委会主任：刘翠玲　夏野虹　高　亮

编　　　委：宁　波　孟广丽　张春艳

　　　　　　李鹏修　苗嘉琳　姜　晶

　　　　　　王　鑫　李冬娟　王守辉

目 录

胖胖的十五岁

不朽

做自己喜欢的事情吧

卖菜女孩儿

薄荷之夏

　　我想很久以后我都会记得那一刻，在一个热气与热情沸腾的下午，我们忘了离中考还有多少天，丢掉面对人生中第一次重要抉择时的惶恐不安、迷茫无措，用尽在数学题上不知如何挥洒的一腔青春热血，高声唱着——"命运就算颠沛流离／命运就算曲折离奇／命运就算恐吓着你做人没趣味／别流泪 心酸 更不应舍弃／我愿能一生陪伴你……"

薄荷之夏

二氧化硼

一、学海无涯

"陶糍，119。"

向来善于暗示的数学老师既没有刻意拖长尾音，也没有什么多余的动作和表情，看来对我的分数没有什么不满意的，意识到这一点，我那颗悬着的心终于落回了胸腔。

而同桌沐沐则是一副如丧考妣的样子，红彤彤的卷子被她揉成一团塞进了桌洞里。

我不知如何安慰她，也不知道自己还有没有那个余力，因为一沓试卷又从前面传了过来。

我机械地从那些还散发着油墨气味的纸张中抽出一张，然后将这些据说可以让我们改变命运的"宝典"传给后桌。

所有人都维持着这个单一的姿势，接、抽、递、写，好像被同一台计算机编出的同一个程序。

纸张在夏日清晨微凉的空气和细风中发出"哗啦——哗啦——"的声音，我突然想起什么，问沐沐："你听，这声音像不像海？"

"像啊，学海无涯嘛！"沐沐回了我一句，开始做数学试卷。

她还是固执地用0.35毫米的蓝水笔，"还没到中考呢，我没有权利选择自己的命运，还没有权利选择自己用什么笔吗？"面对老师的三令五申，她有些愤愤然，依旧我行我素。

蓝色水笔的痕迹不知什么时候被透明的液体晕开，已分不清是B还是D，像是在嘲笑我们的愚蠢和茫然无措。

二、你别太在意了

体考过后，天气彻底热起来了。没人再时不时到操场上练跑步和跳远。我想，除了体育生，大家恐怕都忘了阳光下的汗水是什么味道了，只有又做完了一套模拟卷和一本习题册的感觉才令人踏实。

"陶糙，你扎我一下！"自习课上，沐沐突然对我说。

"干吗？"我吓了一跳，"你不会学傻了吧？"

"嗯，傻了。"她点点头，又用一种轻松的语气说道，"你放心吧，就算我真傻了，也不会愚蠢到自残的，我那么怕疼。让你扎我一下，只是想提下神嘛。"

"噢，这样啊，"我握紧了手中的笔，狰狞地笑了笑，"那来吧，小美人！"

虽然我自认为拿捏了点分寸，扎得并不疼，但是沐沐还是发出了一声凄厉的惨叫。

"很疼吗？"

"呃，其实没有，是我太紧张了，哈哈哈。"她不好意思地摸了摸额头，又把手伸给我，"你再扎一下吧，要狠点，不要因为我是一朵娇花而怜惜我！"

我无语地看着她紧闭着眼，皱着眉头的一副视死如归的表情，突然有点不忍心，但绝对不是因为她是一朵娇花……

"你要是困的话，还是睡吧，死撑着也学不进去。"

"你以为我不想啊？可是我一趴在桌子上，反而睡不着了，一闭

003

薄荷之夏

上眼听到的全是你们写字的声音。"

我不知该说些什么。

"没事，你做题吧，"她笑笑，"我下去洗个脸，可能会好一点儿。"

"嗯，"我好像终于恢复了语言能力，"你别太在意了，一切都会好的。"

"噢。"她似是答了一句，夹杂在沙沙的写字声与高大的梧桐树树叶唱歌的声音中，我没有听清。

三、对顶角相等和光的直线传播

我和死党小芙走在上学的路上，午后毒辣的阳光晒得我的脸一阵一阵地发疼。

再往前走一段有一块树荫，虽然没啥大的区别，但由于心理作用的原因，还是感觉舒服了不少。

小芙一边走一边眯着眼看着那些斑驳的黑色图案，突然问道："你看到它们想到了什么？"

"对顶角相等吧。"我对自己想象力的匮乏有些不好意思，"那你呢？"

"我才没有你那么无趣！"小芙一脸傲娇状，"我想到的是光的直线传播！"

"哈哈哈……"不知道为什么，我们因为这个拙劣的不能再拙劣的笑话笑了很久，尾音蒸发在闷热的空气里，销声匿迹。

四、你不知道吧

老蒋和杜光宇回来了。

两人几乎是一起离开学校的，原因却大不相同。

老蒋是因为上课听不懂，下课又老是惹事，老班是对他不胜其烦。

后来，老蒋因为打架要被学校开除，老班去政教处跑了几趟才把他的学籍保住，同意给他毕业证可以参加中考，不过老蒋在学校是待不下去了，就去他舅舅那儿学理发了。

"以后我给你们剪头发不要钱！"他走的时候给老班鞠了一躬，如是说。

有人趴在桌上低低地哭。

四个月以后，老蒋的好兄弟们顶着被剪的乱七八糟的头发欲哭无泪。

"看来老子不是那个料啊，我决定在学校好好学习，考新东方厨师！"归来的老蒋坐在讲台上吹牛，"到时候我请你们……"

"嘁——"众人嘘他。

而杜光宇就是标准的学霸了。

初三上学期，他就因为参加奥数竞赛获奖被市一中提前录取了，一中给他两条路，一是直升高一，二是在家"休息"半年，中考时再走个形式。他选择了在我们挑灯夜战、奋笔疾书的同时每天在朋友圈晒全国各地拉仇恨，前几天还说要跟家里人去日本呢，而现在却坐在教室里睡大觉，偶尔翻翻桌洞里的高中课本，嘲笑一下我们的智商。

"他回来干吗？我要是他，早去日本看樱花美女了！"我愤愤然。

"傻了吧你！"正在吃冰棍的沐沐冲我翻了个白眼，把手机亮给我看，是杜光宇新发的说说："我想和你在一起，才是这个夏天最好的风景。"

我朝他那边看去，坐在他旁边的阿瑶看着他悠闲的样子气得牙痒痒，恨不得掐死他，一向闷骚的天之骄子偷偷地温柔地扯了扯嘴角。

"还有，你不知道吧，老蒋替人洗了三个月头，才发现自己对发胶过敏。"

五、命运就算颠沛流离

又一次考试分数下来，沐沐同学终于不用把试卷一股脑儿塞进桌洞里，经常穿素色长裙在学校里飘扬的数学老师也没有对她咳嗽。

沐沐笑得有些得意，向我展示了她新研发的薄荷喷雾，那味儿刺鼻得不得了，用沐沐的话说就是："一喷提神醒脑，二喷长生不老，三喷全班都倒！"

然而此喷雾仅限数理化三科使用，老班的语文课除了几个意志顽强的还在坚持，其余全在自以为瞒天过海地打着盹儿。

"《桃花源记》呢，今年考的可能性不高，最有可能考的还是《岳阳楼记》和《醉翁亭记》，那在这里呢，我们……"

"命运就算颠沛流离——"

全班同学被突然响起来的音乐惊醒了大半，和老班一起循声望去，小芙手忙脚乱地把地上的耳机捡起来，塞进桌洞里，冲老班露出一个"我错了我再也不敢了您大人有大量饶了小的吧"的表情。

老班一向对这个作文经常得满分的得意门生爱惜不已，神色也柔和下来，"别关了，放大声点儿，让大家都醒醒！"

小芙于是把音量开到最大，睡觉的都醒了，有几个还跟着轻声唱了起来，老班笑嘻嘻地说："同学们，都唱啊，唱给我听听！"

我想很久以后我都会记得那一刻，在一个热气与热情沸腾的下午，我们忘了离中考还有多少天，丢掉面对人生中第一次重要抉择时的惶恐不安、迷茫无措，用尽在数学题上不知如何挥洒的一腔青春热血，高声唱着——

命运就算颠沛流离

命运就算曲折离奇

命运就算恐吓着你做人没趣味

别流泪 心酸 更不应舍弃

我愿能一生陪伴你

……

六、一切都会好的

天亮得越来越早了，似乎在催促我们起得再早点，再早一点儿，不然就来不及了。

我们起得也的确越来越早了，六点四十起床铃响，教室已经坐了几个人，沐沐用心相印的纸巾擦着桌子，我把厚重的文言文资料掏出来，准备复习《送东阳马生序》。

翻到那一页才发现，标题旁边的空白里突兀地被红色的字迹填满——"日子过到这里，你还害怕吗？"

"想要做的事都做了吗？对未来还充满着希望吗？"

我怔了三秒，不知如何回答四个月前的自己，只好用0.5毫米的黑色水笔在"以中有足乐者，不知口体之奉不若人也"旁边写了一句："一切都会好的。"

一切都会好的，希望和梦想都会有的，来日方长，只要跑得快，兴许追赶得上，就算赶不上，我们也得跑啊。

因为有一个地方，在等着我们披荆斩棘后到达，那里的花来得特别香。

沐沐习惯性地喷了两下她的宝贝，薄荷味的水汽在夏日清晨的微风中飘扬，有一丝淡淡的清新气息。

我狠狠地吸了一大口，伸出双手，拥抱这个薄荷之夏。

薄荷之夏

慢热也是热

玖 玖

我一直是个慢热的人，反射弧长得可以绕地球一圈。

从小我就不会叫什么"叔叔""阿姨"，除非我妈提醒我："快叫表叔啊！"我才会从木讷状态中醒过来，喊道："表叔！"我妈每次带我去谁谁谁家之前都要大声地提醒我："去了以后要叫人。"可我依旧想不起来这位笑得满脸皱纹像菊花一样的大妈是哪位。

有次在同学家开的店里正聊着呢，突然进来一位大妈，我觉得这人脸熟却又想不起在哪见过，我这个人脸盲又有强迫症，想破脑袋也要想出她是谁。直到几个星期后，我妈回来跟我抱怨，说我小舅妈到处跟人说我没有教养，我看到她去店里买东西居然没跟她打招呼！我这才恍然大悟，原来那个臭着一张脸的大妈是我小舅妈！我没有开口解释，坐那里任由我妈说我给她丢脸。解释就是掩饰，这我懂的。我只敢在心里吐槽，既然你认出我，为什么不理我？还背后说我坏话。

后来大一点儿大家开始看《还珠格格》的时候，我对紫薇动不动就哭嗤之以鼻，然后认真地看跟少女情怀一毛钱关系都没有的《少年包青天》。我会说《来自星星的你》正热播的时候十五岁的我特认真地把《新还珠格格》看了一遍吗？不要跟我聊"教授"，因为我会问你"教授"能吃吗？我真的是认真的，因为到现在我才知道"教授"是一个美男子……

那些年的《一起来看流星雨》，2010年"快男"在我身边这群90后少女的青春里留下了不可磨灭的印迹，而我当年只看《喜羊羊与灰太狼》。我还记得当初朋友带我到她家看电视，她对电视里深情款款的齐刘海儿帅哥流口水做花痴美梦的时候，我只对电视里那貌似很可口的蛋糕流口水。

在同桌问我"你知不知道苏打绿"并且大有和我大聊一通的架势时，我缓缓张口，"我不知苏打绿，我只知道苏打。"同桌仿佛被掐住喉咙一般，一万字的腹稿都快到达嘴边，却被我一句话打散了。她悻悻地趴在桌子上不再理我。我想说我清晰地听到华丽丽的乌鸦带走了华丽丽的黑豆子……

我现在高二了，是的，我没有早恋，甚至连暗恋都不曾有过。身边的闺蜜都名花有主了，彩彩说她都交过好几个男朋友了，女生只要会穿衣打扮，男朋友就不是问题。这妮子正企图讲女生该如何打扮自己，就被我一句"我一直都穿校服"惊呆了。

"那不上学的时候呢？"她不放弃。

"上学时不管去哪都穿校服，暑假宅家里，寒假棉袄一裹就行了。一年四季无刘海儿马尾辫，难怪我没有男朋友啊。哈哈哈……"

彩彩目瞪口呆，显然被我打败了。

昨天我跟大我一岁的姐聊天，不知不觉话题就扯远了。

"我以前喜欢武艺——"我还没说完呢我姐就抢过话头，"以前武艺特别红的时候我就追的武艺，后来我改追EXO，现在我都不追星了。你说你在我追EXO时才开始追武艺，我不追星了你才开始追EXO，你怎么总追不上潮流，喜欢过时的啊？"说着还附赠俩卫生球。我不说话，心里想我家茶蛋大势永远是潮流，永远不过时！

姐这不叫反应慢，也不叫跟不上潮流，我只是慢热！慢热，懂吗？我会说我那天成功和鹏修哥聊上了后直到晚上才开始兴奋得睡不着，然后脑子里各种小剧场吗？

消失了长度的夏天

皮卡创

这个夏天因为高三拉得那么长，像是消失了长度一般。

每一天都盛满了蒸腾的热气，炙热的阳光从身上一针一针地缝过去，打上滚烫的烙印。

突突的温度跳动在紧握着笔的指尖上。

开学第一天，当我走进标着"高三"的教室，当我看见熟悉的同学，当我的课桌上一本一本地堆满厚重的辅导资料，当盛夏的阳光悉心丈量着每一个人的影子，当我还没彻底从高二里醒过来的时候，那个书里、杂志里、散文里、小说里，那个道听途说炼狱般的高三，歪了歪头，向我伸出了友好的手。

这场传说中残酷的，没有硝烟的战争，邪气地笑了笑，毫无防备地爆发了。

各就各位。

预备。

跑!

高三第一个短促的上课铃声如同发令的枪声突然响起，所有人瞬间涌向狭窄的跑道里。每个人不惜挤破了头颅也要拥上高考的独木桥。

有的时候我觉得高三也没什么不同的啊。我依然沿着同一条路去上学，遇到同一群人。我依然每个月去买固定的杂志。我依然提笔在作业上写下自己的名字。我依然在放学后围着操场一圈一圈地跑。我依然坐在最后一排，看窗外缓慢流动的景色，依然喜欢在本子上随意地写写画画。依然在听MP3里那些熟悉的听烂了的歌。

一切似乎都是平静相同的假象。但终究还是有些不一样的，尽管有些东西细微得难以察觉。还有些东西让人后知后觉，比如老师突然加快的讲课速度，比如突然多出来的一堆试卷、作业和变重的书包，比如周围的人突然认真得可怕。在我慢慢开始察觉到这些细节的时候，高三已经过去三个星期了。

高考的氛围在夏日里发酵得愈发浓厚，每一天都"兵荒马乱"的。

一张张被眼镜遮去了半边的脸低得几乎要沉进书里，细碎的光斑在每一道苛刻的习题上不停地晃。头顶上的风扇寂寥地转动着，轻微发烫的风轻轻抬起女生因认真埋头而垂下来的头发。

因为怕看不清黑板而戴上自己讨厌的眼镜，因为一个琢磨不透的知识点而着急得手足无措，因为几个冗长的英语词条清晨顶着沉重的睡意卧在桌边摸索着英语书，因为几道刁钻的数学题揉着发红的眼圈在深夜里打了好几个哈欠也不舍得睡觉。

每天都浸泡在各科的题海里，与看不懂的古文过家家，双手弯曲着各种匪夷所思的角度验证左右手定则，繁忙得在中国地图和世界地图里来回跑，转过身来又匆匆地跳过几个历史朝代，在稿纸上反复推算了几种遗传病的发病概率。

每一天都忙得焦头烂额，透窗的阳光在教室的墙上拓印出一个个弯曲的身影。

每次看到周边别人埋头认真的样子就会觉得自己是不是太游手好闲了些，每次面对整张看不懂的数学试卷就会怀疑自己的脑子是不是太笨了些，每次上课一不小心分神就会埋怨自己是不是太松懈了些，每次撕掉一张日历就会计算着离高考的日子是不是再近了些。

那种面对数学题时脑子里如同飞满了空白的草稿纸般苍白的无力感，的确是令人沮丧的。明明自己很努力背熟的知识点隔天就发现已经忘得差不多了，还是很令人沮丧的。我可不是那种超级乐观的人，达不到跌倒了还会微笑着爬起来的境界。也许我跌倒了干脆躺地上先哭会儿后再爬起来也说不定啊，不过我想不会的，我可是男孩子。

然后我开始第一次觉得时间怎么挤都不够用。第一次觉得以前学的东西在高三看来都像是一杯一杯的白开水。第一次发现原来老师讲课的速度还可以这么快。第一次因为成堆繁重的学习任务而感到深深的恐慌。心情随着频繁的考试像古老的钟左右摆荡，因为试卷上几个鲜红的叉就可以难过好几天。

在这个分数至上的高三里，见识到了学不死就往死里学的勇气。在这个分数至上的高三里，每一次的成绩似乎成了维护尊严的武器，开始因为分数而变得针锋相对。可是谁又能次次拿到令自己满意的成绩单呢？也是在这个分数至上的高三里，某些关系变得特别脆弱，一戳就破。

这些以前在自己眼里觉得有点夸张甚至荒谬可笑的事情，如今一件一件，郑重地摆放在自己的眼前，一次一次，不断地摧毁自己过去的认知。

某些情绪在高三里变得特别敏感。

谁谁谁又考了高分，谁谁谁好像在背后说自己的坏话，谁谁谁学习到深夜两三点，就连累得想休息的时候看到周围的人都奋笔疾书也会觉得很罪恶。

那些莫名的情绪就像是从一个安静的吉他手的指缝间流出来的音符般，在漫长的黑夜里舒展开来，低吟浅唱。

身体像沉浮在汹涌的潮水里，疲惫得让人睁不开眼。

三百多天的高三是个漫长的旅程，似乎看不到尽头。许多人在空旷的虚无中耗尽了自己的耐心，倒在半路，再也没有爬起来。

等到下一个夏天的时候，一切就都结束了吧？有些期待又有些不舍。

期待是因为终于能够挣脱高三的枷锁，不舍是因为又要对生活了三年的地方说再见，那种离别感比初三毕业时还要来得强烈。

学校也是一座城，里面的人想出去，外面的人想进来。

读书的时候因为烦琐的功课想逃离，工作后因为忙碌的奔波想回到过去。就像在夏天时期盼冬天，在冬天时又想念夏天。小时候想快点长大，长大后做梦都想回到小时候。

人类一直是这样矛盾和奇怪的动物呢，总有些纠缠复杂的情感。

喂，今年的夏天就快要死去了吧。

成千上万的树就快要枯萎陷入长眠了吧。

日复一日，年复一年。

时间总能在人们匆匆的背后有条不紊地行走着。

在这个消失了长度的夏天里。

听风吹过，猜火车

翁翁不倒

身处狼多肉少的理科班，我和小何一直是众男生的重点保护对象，都说三个女人一台戏，但我们一致认为男生也一样，而理科班一直都是他们的主战场。某日下午，小何提议追忆往事，于是我们双双坠入记忆的长河，翻腾打捞着那些深深刻在脑海里的场景。

1

小何首先想到一个人，人称切歌小王子，每次一首歌放到高潮部分，他从教室外恰巧走进来，就自然地走上讲台的多媒体，食指轻轻一点儿，施施然回到座位，那首歌是《未闻花名》的主题曲，因为每次他都切这首。然而，我和小何都无法理解一个五大三粗的汉子为什么会钟情于这么小女生的歌，每次他点完歌都是一脸羞涩地回座位我们就很费解了。

后来小何得出一个结论，这位汉子他有着一颗少女心！

2

顺着小何的思路，我想到一个很有味道的人。姑且叫他七号同学吧，因为他的战袍就是七号。据我所知，这位仁兄每次考试都要穿他的战袍上阵，据说因此攻无不克战无不胜，无论真假，反正他的成绩真的很靠前。

有一次，据其宿友爆料，七号同学在考试前一天穿着战袍打篮球，一身臭汗就把衣服换了，第二天想起要考试，可是战袍还没洗！怎么办呢？思索良久，他做出了一个决定。

后来，这个决定使他从此在我心中就是一个很有味道的人，别问为什么，因为我就是十七号，他考试的同桌，闻着他的酸臭味考完了两天试！

最后的结果是，七号同学成绩还是名列前茅，而我受到极大的影响，名次"噜噜噜"下滑了两百名，由此可见，战袍的威力是很大的！

3

说到七号同学，小何想起另一件事。

我们的班主任是语文老师，一个小老头，有着丰富的教学经验，经常担忧我们的前途。

某次假期归来，大家都有周一综合征，大早上的昏昏欲睡，语文老师看不下去了，又上了一节政治课，讲着讲着："你说你们这样，真是皇上不急……呃……"七号同学速度极快地接上，"太监急！"然后大家就都醒了，意味不明地奸笑，七号同学适时补刀，"哎，别调皮啊，笑什么笑，我又没说老师是太监！"

噢，这个事实充分说明智商高的人情商不一定高，自此七号同学就被语文老师惦记上了，自求多福吧！

4

小何问我最骄傲的是什么，我说我有后宫佳丽三千人！

是的，整个高三我都是坐在男生堆里，出去上个厕所都要有一排人起身让位，没办法，谁让我坐最里面呢。久而久之，每次我一起身，他们就"恭送太后娘娘圣驾"。

去食堂吃饭也是组团去，浩浩荡荡一群人，霸占一整张桌子。私心想着高三后期这群人是背单词背傻了，某次我吃饭被噎到，咳了半天。某人看了我一眼，"choke？"旁边另一人回复，"错了，是chock！"然后整桌子人开始讨论这个单词到底怎么拼，完全没有人理我死活好吗！来人啊，都拖出去斩了！

5

这群人里面有趣的人太多，小何说A寒假去补习，成绩没提高多少，倒是把补习老师的地方口音给学回来了。

我也记得B玩游戏玩得太入神，后来终于想起肚子饿了要吃饭，他的同桌C，当场就气沉丹田大声吼了出来："吃饭！我都吃完回来了！呵呵呵呵！"那个阴冷的笑声我至今难忘。

小何补充，D在宿舍开夜车，宿友E投诉台灯灯光太亮，D这货想到的不是想方设法把光挡一挡，而是扯出一条毛巾："乖，宝宝睡吧，让我为你心灵的窗户安上一块窗帘。""啪"的一下就把别人脸给蒙上了。

6

正当我俩回忆至情深处时，广播站的背景音乐适时响了起来，嗯，这个音乐它有点伤感，所以我想起了另一件事。

我记得班上有个同学不爱吃晚饭，本着关心同学的初衷，我不经意地向他传达"高考在即，保重身体，要吃饭才有精力学习"的信息，后来我终于在食堂和他偶遇了，我以为我说服他了，直到有次我在食堂二楼的角落吃饭时，看到他只是在食堂走了一圈，就走了。

小何跟我说他是家庭情况不太好，为了省一顿饭钱才不吃晚餐，然后我陷入了自责中，总觉得自己做错了什么。

7

到了高三后期，班里的气氛就变了，特别是一模以后。一模考得很差的同桌跟我说，他变得越来越小气，而他以前不是这样的。

在考试时他总是关注隔壁桌的答题情况，一感觉到别人做的很快，他就陷入恐慌之中。平时有同学跟他借学习资料他是很乐意的，现在却开始担心别人就此完善了某个知识点而他却错过了。他的情绪低落得不行，不知道自己怎么会变成这样。

我听他的描述，就好像在听别人说我心里所想，诚然我并没有什么好建议，大概都是一样的。

我想到另一个同学，参加了高考培优补差班，老师发习题卷时他多拿了一张，老师笑着说，"你是打算留着高四用吗？"吓得他赶紧放回去。回来之后还跟我抱怨，"说话不能吉利点啊？！弄得我这几天心神不宁，一直在想要是成真了怎么办。"

8

高三这一年啊，我们开心、难过、迷茫、小心翼翼，变得敏感、猜疑，每次从深渊里爬出来都好像要再掉下去，我们谈理想啊，说着说着就沉默了，只剩下深深的叹息。好多次觉得坚持不下去了，好想放弃啊，可是再坚持一下就好了，就一下，就算未来都是迷雾，我们还是想勇敢地闯过去啊！

9

回忆戛然而止，小何全程自带特效，抖得跟筛子一样，"太好笑了啊，哈哈哈！我们班那些男生都是活宝！"

我说是啊，然后补充了一句，"可是我们已经毕业了。"

"那我们是怎么进来的？"

"靠颜值，穿上土得掉渣的校服扮成高一高二生混进来的。"

说完这句话，我们都陷入了沉默。

北城、番薯与青柠

　　佟舒雅觉得自己的生活圈就像一口井，又深又窄，而她呢，就好像一只蛙，还是教科书中提到过的坐井观天的那一类。新学校的老师们很严格很会教学，同学们也很厉害，他们之间似乎配合得天衣无缝，只有佟舒雅一个人常常觉得不知所措，这道题目才刚刚领悟，转眼老师已经差不多把下一道题的知识点讲完了。

北城、番薯与青柠

单尊

1

佟舒雅觉得自己的生活圈就像一口井，又深又窄，而她呢，就好像一只蛙，还是教科书中提到过的坐井观天的那一类。借着台灯微弱的光，她用力地在笔记本上写下这么一段话。

新学校的老师们很严格很会教学，同学们也很厉害，他们之间似乎配合得天衣无缝，只有佟舒雅一个人常常觉得不知所措，这道题目才刚刚领悟，转眼老师已经差不多把下一道题的知识点讲完了。

合上笔记本时，已经快要零点了。她蹑手蹑脚地打开阳台的门，趁机深吸了几口新鲜的空气。天气越来越冷，佟舒雅想家的念头也越来越强烈。她皱了皱眉头，如果现在她的面前摆上一杯热牛奶和两片热吐司的话，那么她想她现在的心情肯定会好很多。

没关系，明天便利店再见。佟舒雅暗暗地在心底安慰自己，随即在嘴角边挤出一抹微笑，在下一阵冷风刮过来之前，回到屋内爬上自己的小床睡觉。

在这北方城市的深夜里，悄无声息地下起了一场微雪。世间灯火万千，就算只在一夜之间也总有很多暗下去也有很多亮起来，犹如佟舒雅那时而轻松时而疲惫的生活。但是上帝自会奖励那些善良又努力的姑娘，所以她从不放弃任何希望。

2

在这里佟舒雅听说了很多她以前从未听说过的事情，奇怪的有意思的甚至是骇人听闻的。她普通话不好，所以常听，而很少发表观点，可等到她们都已经结束了话题散开之后，她又将刚刚听到的事情从脑海里翻出来，再细细地回味一遍，思考着那个人为什么会这样做，他后来又怎么样了。

顾青柠的名字就是她这样从别人的口中得知的。

据说，顾青柠竟然无视校规染了一头夺目的灰色头发，而且中指上还戴了一枚不知从哪里弄来的闪闪发光的钻戒，她大摇大摆地在校内走了一整圈，竟然没有人把她抓到办公室里喝茶。

为什么？后来呢？

佟舒雅压根儿没有见过学校里有这么一号风云人物啊。她日夜留意着周围的行人，走在路上还不时张望一下，可是，足足半个月过去了，她仍是什么也没有发现，倒是亲眼见着了一个女孩儿在她的跟前狠狠地跌了一跤。

一个大番薯便从女孩儿的手中脱离，直接滚到了佟舒雅的脚边，佟舒雅刚想要弯腰伸手去捡，却被女孩儿的大嗓门吓了一跳，"哎呀！可怜的我的番薯啊！"

"你还好吗？我扶你起来。"佟舒雅主动而友好地伸出了手。

"谢谢。"女孩儿并没有同样伸过手去，一双明亮而有神的眼睛直勾勾地盯着佟舒雅，两秒钟后，女孩儿笑了，明眸皓齿的样子甚是迷人，随后她倒是自己不紧不慢地从雪地里爬起来，接着拍了拍厚重的驼色棉服，她皱了皱眉头，裤子似乎有点湿了。

"谢谢啊，我是顾青柠，你呢？吃不吃番薯？不过好像冷掉了。"说着说着，她低头去剥番薯皮，"幸好没脏，它的这一层皮果然没有白长耶。"

"你好，我叫佟舒雅。"佟舒雅轻声地说出了自己的名字之后，便开始悄悄地打量起顾青柠来，她留着没有染烫过的短发，清汤挂面，脖子被围巾裹得很严实，白皙的尾指上圈着一枚银戒指，当然，是没有镶钻的。

"给，我还有课，先走了，拜拜。"顾青柠旁若无人地咬了一口番薯，说完话便没有再做逗留，踩着上课的铃声匆匆忙忙地跑开了。

佟舒雅握着顾青柠给她的那半个番薯，望着那渐行渐远的背影发呆，此刻她的心中有太多困惑和讶异，同时对方的美貌更让人心生艳羡。

3

后来的故事就要从那个番薯说起了。

佟舒雅赶回课室的时候，显然已经迟到了，但她是因为学校通知必须要在午间去图书馆开会并领取一些资料，所以迟点回到课上，老师也是不会因此责怪她的。

等到她终于有时间来吃那块番薯的时候已经过去一节课的时间了，而那块番薯也已经从番薯皮冷到番薯肉了，她皱了皱眉头，又觉得丢掉它是极不礼貌的事情，所以最后还是决定把它吃了。

结果佟舒雅还是没免于胃疼，脸色苍白的她被同学送到了医务室休息。

半个小时后，接近放学的时候，医务室里竟然出现了顾青柠的身影，她赶到的时候还大口地喘着气，一副很慌张的样子，"他们说你吃了我给你的番薯整个人都不好了！真的很对不起！"

佟舒雅躺在小小的病床上，疼痛感已经比刚才减弱了许多，她缓缓地坐起身来，脊背贴着洁白的墙面，"不关你的事啊，我本来就有胃炎，随便吃点什么东西都可能会莫名其妙地疼的。"

"噢，我可怜的姑娘，你太善良了。"顾青柠用古怪又搞笑的腔调说着，眼里却流露着真诚。

那个冬日的下午，顾青柠逃掉一节英语课来陪佟舒雅，佟舒雅其实已经觉得舒服多了，可是她们正聊到兴头，于是她也舍不得回课室了，直到放学铃声响起，她们才心领神会地各自回去拎书包，然后同乘一辆公车回家，两个人一路上仍然聊得热火朝天。

女生的话匣子一旦打开，如果不说个痛快淋漓的话，心里难免是会留下小疙瘩的。所以她们从天南聊到海北，从喜欢的作家聊到喜欢的饮料，最后她们还无比兴奋地发现了，原来彼此都特别喜欢宋小宝表演的小品，可逗了。

但不同的是，佟舒雅看宋小宝的小品是为了让自己暂时忘记生活中那些烦恼的事情，而顾青柠不止喜欢看，还喜欢边看边模仿，偶尔还会在同学面前露两手。

"我以前模仿宋小宝的时候，不小心被路过的男生看见了，其中还包括我喜欢了挺长一段时间的男生，从那以后他就再没主动来找过我。"顾青柠说完这话还有模有样地叹了口气表示懊悔，可是两秒钟后她又莫名其妙地大笑起来，"我可能在那时候给他留下了阴影了吧，哈哈……"

那是一个美妙的下午，也是她们友情开始升温的下午。

车窗外是白茫茫的一片，但是车内却弥漫着一片春天般欢愉的气息。

4

第二年的春夏交替之际，校运会如期展开，顾青柠参加了短跑接力赛，但是谁都没想过顾青柠会在接棒后狠狠地摔了一跤，整个人往前倾去，落地时的痛感可想而知，结果她们那一个小组从最有可能得第一的位置上一下子跌到了最后一名，与决赛失之交臂。

"我陪你去医务室。"佟舒雅第一时间从看台上跑下来，一手挽住了顾青柠，顾青柠却云淡风轻地笑了笑，说："就这点擦伤，过几天就好了，擦药什么的烦死了。"

其实顾青柠就是想让自己好得慢一点儿，以痛来惩罚自己的失误。

短跑比赛后的第三天，顾青柠那一组的一位成员在课间和同学聊天时忽然聊到这次的比赛，那位成员有些不高兴地抱怨了几句，意思差不多是如果当初把顾青柠换成别的选手，一等奖的荣誉肯定非她们组莫属。这番话恰好被顾青柠听到了，顾青柠只淡淡地瞅着对方，也不说话，就直直地盯着对方的眼睛，看到人家尴尬了，顾青柠才收回了自己的视线。

"你不知道当时她的样子有多好笑。"后来顾青柠跟佟舒雅说起这件事的时候，一如既往地笑得没心没肺的，笑了一会儿，她又忽然停下来一本正经地说道："其实我觉得挺惭愧的，但是同时我也不会老拿这件事情为难自己，只希望自己尽快吸取教训，在以后多多回报其他人对我的包容。"

真是个有想法的姑娘，佟舒雅看着顾青柠，心底由衷地赞叹道。此时顾青柠穿着一条米白色的碎花裙，行走在暖洋洋的春风中，与围墙内繁茂的红花绿叶相互映衬，甚是美丽。

"走，现在去我家。"顾青柠的话音刚落，她便拉着还没反应过来佟舒雅一路狂奔，穿过那些弯弯曲曲的石子路，又路过无数人来人往的商店，终于，她们停在一扇金属大门前面。

偌大的宅子里没有人在，顾青柠带着佟舒雅到她的房间去，又急急忙忙地跑下楼找了一些牛奶和糕点来招待佟舒雅。吃饱喝足之后，顾青柠才故作神秘地拿出了一支录音笔，给佟舒雅听一段录音。

"佟舒雅，生日快乐……佟舒雅，生日快乐……佟舒雅，生日快乐……"

这段录音是顾青柠厚着脸皮到大街上找路人录的，这些不同的声音一共来自多少人的口中她也不清楚，反正那天下午她在杏花街上来来回回地走了几个小时。

5

你所认为的最好的友情是什么样的？

佟舒雅在网络上看到这句话的时候，想到的是顾青柠的名字。她曾经觉得，跟一个长得又漂亮，性格又好的姑娘做朋友，会是一件很有压力的事情。

比如说，如果你和她一起去逛街，两个人还刚好相中一件很好看的裙子，她提议说要不我们买一样的吧，你不好意思拒绝，毕竟你说了你也很喜欢，可是心里会有些排斥，毕竟她比自己漂亮，两个人穿一样的裙子的话，谁是绿叶谁是红花岂不是更加显而易见？又或者是，待在她身边，常常看见她美好的一面，久而久之，自己难免生出一颗卑微的心，然后随之衍生出来的失落与沮丧侵蚀了自己的生活，那可怎么办？

可是当佟舒雅遇上了顾青柠之后，那些考虑便都通通变成了多虑。

佟舒雅翻着日历，发现自己和顾青柠已经大概有半年时间没见了，她们在不同的学校里念着毫无关联的专业，她们所在的学校各自坐落在相距两千公里的城市，她们甚至都建立起各自新的朋友圈，可是她们仍在彼此新的朋友圈里。

"周末我和我的室友们去了一个超级好玩的地方，有机会的话我一定要带你去看看，我敢保证你一定会喜欢的。"顾青柠对着手机说道，欢乐的气息仿佛就要从手机那端蔓延到佟舒雅这边来，佟舒雅莞尔一笑，说："我下个星期就要和社团的朋友一起去你梦寐以求的凤凰古城喽，怎么样？要什么礼物你就说吧。不过，我也不介意以后再陪你去一次啦，顺便当当你的有偿导游。"

挂掉电话时，佟舒雅打开玻璃窗，在这北方城市的深夜里，又悄无声息地下起了一场微雪，和两年前深夜里的那一场却有着不一样的韵味。

她忽然明白，从前她之所以常常觉得孤单而落寞，是因为她没有好朋友，而今，她要感谢顾青柠给她带来了格外美妙的友谊。

世间灯火万千，就算只在一夜之间也总有很多暗下去也有很多亮起来，犹如芸芸众生那时而明亮时而灰暗的生活，但是上帝自会奖励那些善良又努力的姑娘的，所以她从来不会放弃任何希望，而且，生命里总要有三两好友相伴才是最好呀。

第十二个路灯下的榴梿男孩儿

七友

榴梿和陈欣在我心里是画等号的，因为我最喜欢榴梿的时候，他一直都在。

1

高一开学的第一天，我就知道班上有个叫陈欣的男生，名字起得可秀气了。

那天点名点到陈欣的时候，班主任愣了一下。原因很简单，原本学籍卡上写着性别女的陈欣竟然是一个男生。

我觉得有点好笑，有点滑稽，我还是第一次听说有人性别搞错的，这对父母起的名字也是够逗的。

等到一切都弄清楚以后，班主任一本正经地对我们说："每个同学等会下课都来我这里看看性别有没有错，不要像这位陈欣同学一样性别被填错了。"

全班哄然大笑，所有人的眼神都飘忽不定地全班转悠，都在找哪个是陈欣。我朝周围看了看都没发现有谁的神情是有点"诡异"的。但是很快陈欣被自己以前的同学出卖了，那个男生表面淡定，实际上用左手偷偷指着他，一副快忍不住笑意的样子，我觉得他憋笑憋得很辛苦。

哦，他就是陈欣。有点儿瘦，看起来挺斯文的。而那天下午重新安排了座位，陈欣成了我的同桌。

刚坐在一起的时候，陈欣一副翩翩少年彬彬有礼的模样，下课也不闹腾，就安静地翻着还带着墨粉味儿的新书。我还挺喜欢这个同桌的，话少，安静。我初中的同桌是个话痨，太吵。但是很快我就发现根本就不是我想的那样，他不仅话多，而且压根就是一个小痞子，一个隐藏在斯文外表下的小痞子。

没过多久陈欣就开始原形毕露，总是絮絮叨叨地跟我说为什么他叫陈欣，从小到大有多少老师想提问个女生结果叫到他。

我就问了他一句话："为什么刚开始的时候你那么安静？"

他一听就笑了，"那是我还不了解你，还以为你高冷啊！我怕你揍我！"我瞥了他一眼不理他。

陈欣总是喜欢做些无聊的事。比如突然拿走我正在看的书，然后嘻嘻哈哈地笑着说："许开冉，都高中生了，怎么还是这样一副小学生死读书的样子。"

"你管我？"我白了他一眼，然后就趴着不说话。

"别这样嘛，我们好歹是同桌。"他像变戏法一样地拿出一包榴梿干，还撕开了包装。

我没看见是什么，但是我闻到了。我猛地抬头，陈欣的脸就在我面前，一副早知道我会是这种反应的样子，然后很大方地把榴梿干放在我面前，潇洒地坐回我旁边。

我还是觉得这个男生很搞笑。但是没关系啊，榴梿干能收买我。我一边吃着榴梿干一边笑。

从那以后陈欣每天都会带一包榴梿干给我，然后我都一脸"退下吧小陈子"的表情接过去。

"欸，许开冉，你不觉得我特像养了一只宠物，然后每天固定投食？"陈欣递了一包榴梿干给我之后，一脸淡定地说。

我正吃得开心，听了他的话一下子噎住了，咳个不停，我转过脸去瞪他。陈欣笑得不行，然后一面拍着我的背，一面说："知道我说的对，你也别这么开心。"

我好不容易缓过来了，留给他一个鄙视的表情之后继续吃。但是他不理会我，反而笑得更欢了。

后来我问过陈欣，为什么他会知道我喜欢吃榴梿，他总是打马虎眼蒙混过关。

也是后来我才发现陈欣笑起来会不自觉右嘴角上扬，带着点痞气，却也觉得好看。

2

校门口的蜡梅正要开的时候，学校放假了。

整个假期我都没见过陈欣。他在一家咖啡店打工，而我忙着补习。学好数理化，走遍世界都不怕，反正先补着总没错。

虽然都没见面，但是还是会收到陈欣的短信，我一般不回他，因为他老是挑我上课的时候发短信给我，毕竟我在读书嘛。只有他说领了工资就给我买一个大榴梿的时候才会回他两句，表达一下他能想到请我吃榴梿我很欣慰。

我日复一日地在补习班消磨着时间。

陈欣发短信告诉我他领工资了，问我说好的榴梿什么时候要。原本望着物理卷子一脸愁容的我笑了，想着就要到手的榴梿，嘴角止不住的笑意。

我回他越快越好啊。短信发出去还没一分钟，陈欣就回我了，"明天去等你下课，地址发给我。"

第二天我走出补习班就看到陈欣站在不远处，他把手插在衣服口袋，跺着脚走来走去，我知道肯定是太冷了，北方的冬天室外真不是一般的冷。看到我之后他就开始大喊我的名字，周围的人都在盯着我俩看。

我有点尴尬，小跑过去，"别叫了，别叫了，超丢脸啊。"

"我特地来给你送爱心榴梿你还嫌弃我。"陈欣一脸无辜地望着我。

"榴梿呢？"我看了看他，没有榴梿的影子。

"能不能温柔一点儿啊，我都在冷风里等你半天，都要感冒了！结果你只想你的榴梿。唉，小白眼狼。走吧，我可不会挑榴梿。"

不久前才下的一场雪，地上的雪很平整，陈欣走在我前面，他走过的地方都留下一串脚印，我回头看两串脚印一左一右的，莫名有点高兴，觉得这场景让我有点恍惚。风吹得我脸疼，忍不住从口袋里掏出手把围巾拉上面一点儿。

陈欣带我到了一家水果店，榴梿的味道弥漫在空气中，看到榴梿的我眼睛都亮了起来，迫不及待地凑上前去挑一个。

我细细地选了一个大榴梿，陈欣还没付钱的时候我已经把它抱在怀里了，好在老板捆了几张报纸，抱起来才不那么扎手。

"许开冉啊，你看看你现在的表情，'慈爱'的眼神呐，跟这榴梿是你儿子似的，真是没救了。"

"我高兴，你管我。"我瞥了陈欣一眼，朝他做了个鬼脸，然后大步走出水果店，迫不及待地要回家开了这榴梿。

陈欣紧跟着我出了店铺，"给我吧，这榴梿那么重，就你这小身板怎么抱得回家？"

我低头看了一眼榴梿，恋恋不舍地给了陈欣。

这次我们是并肩走的，陈欣有一句没一句地跟我聊天，我也有一句没一句地回答他。

"许开冉，你觉得我怎么样？"陈欣突然停下脚步，然后很无厘头地问了我一句。

"还好啊。"我没注意到他已经落在我后面，我数了一路的路灯，这是这条街的第十二个路灯。我数着正欢，很随意地回答他。

"那……如果我喜欢你呢？"

我突然蒙了，停下来回头看他。

陈欣右手抱着榴梿，左手有意无意地摸着下巴，我知道那是他紧张时会有的小动作。

路灯柔柔的，照在他的脸上，陈欣整个人被昏黄的灯光笼罩着，甚至也包括我的榴梿在内，都散发着一圈柔光。他抱着榴梿表白的样子有点滑稽，但是我没笑，反而有点儿严肃地看着他。

我知道，就算我的神情自然，但是基本生理反应是不会骗人的，我觉得自己的耳朵都要烧起来了，热乎乎的，心跳得很快。

"许开冉……你别这样一直盯着我，瘆得慌。"陈欣突然开口说话，他嘴里刚呼出的热气瞬间变成白雾，一下子被风吹走，连同他的声音一起。

"陈欣，我家快到了，我能自己回去。"我的声音有些颤抖和紧张，突然有点儿不敢看他，只好盯着榴梿说话。

"好。"陈欣沉默了好一会儿，走上前来，把榴梿递给我。我伸手去接，不小心碰到了陈欣的手，很热，像个小火炉一样，而我的手很凉，一刹那的温暖。

我抱着榴梿落荒而逃。

陈欣的声音从远处传来，"许开冉，你到家了发个短信告诉我啊，省得我担心。"

我没应他，但是还是偷偷回头看了一眼，他还站在原地，第十二个路灯下。

回到家以后我盯着榴梿看了足足十分钟，想着该怎么回应这个突如其来的表白，但还是没头绪，最后只回了他一句："我到家了。"

我问自己，许开冉，你喜欢陈欣吗？但是一想到这个问题我就觉得脑子里一团乱。

走亲访友的忙碌让日子过得特别快，快得我都没来得及回想这个问题就开学了。

我有点儿害怕开学，害怕面对一个不一样的陈欣，但好在开学以后陈欣的表现和以前无异，就像什么都没发生过一样。我一面庆幸他不再纠结这个问题，一面脑子里又在想他现在还喜欢我吗。

女生就是这样矫情。

"许开冉，看我的新手机，"陈欣一到班上就开始嘚瑟，"我得给它取个名字，大黄！"

"省省吧你，可别给你的手机取名字，我一直以为这事儿只有女生才会做，你说你本来名字就够女生了，再整个这癖好还得了？"我看了他的新手机一眼，撇了撇嘴。

"怎么回事啊！还搞起人身攻击了是吧！"陈欣举着他明黄色的手机在我面前晃来晃去，装作要扔我的样子。

说实话，我还有点享受这样吵吵闹闹的时光。

而实际上快乐的时光总是溜得非常快。

我们要分科了。

"许开冉你会读理科吧？"陈欣不经意地问了一句。

"不知道啊，不是还没叫填表吗？"我一愣，然后搪塞地回答道。

我曾经一度以为自己肯定会读理科，于是在所有文科的课上开小差，看课外书，读理科，玩手机，反正就是不听课。

可是一年过去了，理科也补了，还一点儿起色都没有。

直到班主任通知填表的那天，我已经咨询过不下七八个老师，也问过爸妈的意见，还是选择了文科。最后填表的时候我有种士兵奔赴战场的决绝和悲怆的感觉，然后工工整整地在志愿单上写上自己的大名和文科这五个字。

　　说实话，我舍不得陈欣，甚至觉得有点儿惋惜。但是我还来不及感伤就发生了一件事，一件让我们的关系破裂的事。

　　后来回想这件事，我觉得自己很丢脸，很对不起陈欣。我把他的"大黄"从二楼丢下去了。那天陈欣是在和我开玩笑，但是当时的我没觉得，那不过是场闹剧。

　　他拿走了我正在写的随笔，随笔里写着我不可告人的秘密，里面也提到了陈欣，他的这个举动对我来说犹如天塌了一般。我只觉得脸火辣辣的，脑子里嗡嗡地响个不停。

　　陈欣没有发现我的不对劲，甚至不知道他手里拿的那个东西对我有多重要，而是和往常一样嘻嘻哈哈地笑，"别写了，出去溜达溜达吧。"

　　我一边深呼吸，一边使劲瞪着他："还、给、我。"

　　他还是没有给我，而是带着那本装着我可怜的自尊心的本子跑到门口，拿着本子朝我挥手。可能只有怒气冲天才能描述我当时的心情吧。

　　我愤怒地从桌洞里拿出他的"大黄"，站在窗户边上，有点讥笑地看着他。

　　陈欣没想到我会有这么大的反应，连我自己都没想到自己会这么冲动。等到他意识到我是真的生气的时候，手机已经"砰"的一声跌落在了一楼。陈欣冲到我面前，一副不可思议地看着我，然后把笔记本重重地丢在我的脚边，很快就跑到窗户边上，趴着看手机掉在什么地方。我看见他的脸涨得通红，下一秒就冲出教室。

　　我默默地捡起地上的本子，然后目光呆滞地坐回位置，突然之间好像什么也听不见了。我趴在桌子上不知道该怎么办，连他什么时候坐回我旁边我都不知道。

　　我们开始冷战。

　　整整两周，陈欣都没跟我说过一句话，我们俩之间的气压低得不能再低。但是更讽刺的是陈欣还是一副吊儿郎当的痞子少年的模样，没有凶过我一句，就好像什么都没发生。

我几次假装趴在桌子上睡觉，实际上都在偷偷地看着陈欣，他和周围的男生眉飞色舞地聊天，我的心里却不是滋味。

在这之后好多人问我当时是怎么想的，我一副无所谓的样子，然后不屑地说："是他活该，我的东西也敢乱动！"不过是死鸭子嘴硬。说这些话的时候我心里有些不安，生怕他听见，也很怀念那些原来我们相处融洽的日子。

哦，女生大概是一个感性冲动的群体吧。现在回想不过是一个男孩儿为了引起喜欢的女孩儿的注意做的傻事罢了。

我不知道陈欣是怎么跟他爸妈解释手机的事情，也不知道该怎么向陈欣道歉。

而夏天一眨眼就来了，分科也来了。

我还没来得及好好地跟他道歉就变得形同陌路。

4

分科以后变得很忙，忙着画季风、洋流的方向，忙着背经济与哲学，忙着记历史长河里的事件。

陈欣在一班，我在六班。一条长长的走廊，他在最左边，我在最右边。整整两年里，我算过，可能只遇见他不过十面吧。

高考前的一个月，我在办公室里遇到了陈欣，他在物理老师的位置上做卷子，神情严肃，微微皱眉的认真模样，让我觉得熟悉又陌生。

突然之间我有一种冲动，想跟他说话。"陈欣，对不起。"女生就是这样冲动，大脑还来不及反应，话已经说出口。

陈欣抬头看我，有点疑惑，又好像一下子明白了。他突然笑了，"许开冉，没关系。"我觉得有点儿尴尬，急急忙忙地退出办公室。陈欣叫住了我，"一起走吧。"

我和陈欣一前一后地走着，影子被路灯拉得老长，就像寒假的那个冬天傍晚。我走得很慢，他的背影在夕阳的余晖里，亮亮的。

"陈欣……"

"嗯？"

我一时语塞，"……高考加油。"

"嗯，你也是，加油。"

"陈欣，我一直觉得手机那件事很对不起你，我真的不是故意的……"

陈欣突然停了脚步，回头看我，"都过去了。我当然知道你不是故意的，只是那时的我也不知道该怎么跟你缓和关系。我没放在心上的。"

"欸，你还喜欢榴梿吗？哈哈。"说完他又背过身去继续走。

"喜欢啊，之前你带我去买的那个榴梿很好吃，我自己后来也去那家店买过很多次榴梿。"我赶紧小跑追上去，继续慢慢地跟着他，忍不住低头笑，好像背了一个很大的包袱终于放下了。

高考过后我就再也没见过陈欣了。听说他考上了一所不错的大学，而我也考上了一所南方的大学。上了大学以后住在宿舍也少买榴梿了，因为舍友们不爱榴梿的味儿，慢慢地对榴梿的喜欢也淡了。

我们俩就如同是对方生命中的一个过客一般，随着时间流逝，顺其自然地离开了。后来的很长一段时间，我都在想，要是我当时回应了陈欣的告白，会不会有不一样的结局。但是时间走了，陈欣也走了。

高一的时候我也曾想过，陈欣和榴梿味的日子会一直陪我走过很长的旅程。但我们总是注定要失去某些人，要不然又怎么会知道他们对我们有多好。偶尔想到陈欣的时候，总觉得空气里弥漫着一股榴梿的香气。

我梦到了陈欣。

"许开冉，我喜欢你。"陈欣还是站在第十二个路灯下，抱着榴梿的那个傻瓜。

"好。"

在雨和露珠之间

三倾荟

一、一个发生在雨天的爱情故事

易舒从路灯下走过，抬起头，伞檐再往前，是被暖黄灯光照着的迷蒙的雨雾。像是有人坐在高处抛下来的一条条细碎的暖黄色的线。

"这雨真美啊。"她心想。

这是一场来得猝不及防的大雨，北京入秋好像总是在一场又一场的雨中渐进的。昨日或许还在艳阳下挥汗如雨，雨后的隔天就得从衣柜里翻拣出春天塞到衣柜深处的长袖。

脚是最先感受到入秋的凉意的。方才走出教学楼时易舒一脚踩进了水坑里，浅蓝的平底鞋浸满了水。她下意识地低头去看被自己踩起的水花，如果积水再深一些，她的平底鞋就像是这雨天里的一艘小船了。

雨势没有刚刚上课时那么大，校道上来来往往的人群虽步履匆匆，头顶上花花绿绿的雨伞却以慢速移动着。易舒用手遮住背后的包，在夜色里往宿舍赶。她经过一对遮着同一把伞的男女，男生持伞柄，两个人看起来在刻意保持着距离，但行进过程中肩膀难免挨到一起。

"看起来不太像情侣"，易舒在心里下了个论断。今晚没有要紧的作业，向来喜欢雨天的易舒此刻的脚步甚至称得上从容，边走路边观察经过的人，并在心里为他人编织故事。无所事事的日子里，她喜欢用这样的方式来令自己的生活饶有兴味。

那对男女交谈的声音渗进雨水里，易舒刚好捕捉到那散着雾气的话语。

"你是上海人吗？我好喜欢吃上海沈大成家的点心哦。"

"刚好这几天我妈给我寄了些过来，要不待会拿些给你？不过，得先给我你的联系方式。"

易舒没有回头，却在心里描绘男生狡黠的笑意和女生悄悄红了的脸。也许男生早就注意到女生，雨天等待的教学楼前看到熟悉的身影连忙冲上去送伞，也可能只是初识。又是一个发生在雨天的爱情故事，易舒觉得，自己和这场雨一起偷偷目睹了一个秘密。她握紧伞柄，原先灰暗的心情莫名变得有些雀跃。

回宿舍之后，易舒脱掉平底鞋，坐在床上晾脚，突然发现自己的小腿上黏着一片小树叶，鲜绿色的，叶脉楚楚，该是被雨打下来的。易舒想起掉落在道上的一截截树枝，看来不只雨，刚刚的风也不小呢。

她知道这个点儿，周北应该在实验室里，大概不会看手机，但她还是掏出手机，兴冲冲地打了一大段字，跟周北分享她刚刚听到的对话。上了大二之后，周北的课业更加繁重，熬在实验室的时间更多了，易舒有时候只能在周末和他碰个面。上次见面是易舒拎着粥去他们宿舍找他，他在赶一篇论文。她放下粥后在认真敲打的他身后看他的书架，许多她压根看不懂的专业大部头，最后她坐在他身旁，用kindle看完了一本小说。是有一点失望的，但是没见面的日子久了，她也能从那天晚上的细节中翻来覆去地嚼出甜味。一点儿失了味儿的甜。

很多时候，她发出的大段大段的话语，在他还没回复的时候，像孤零零地漂浮在宇宙中的尘埃。不过，他总会回复的，像是一个有缓冲期的邮箱和树洞，那时，漂浮着的尘埃将再一次变成有意义的字句。

"易舒，你就是太闲了。"发完消息后，她攥紧手机倒在床上，对自己说。

二、一辆穿过北京秋天第一场雨的公交车

易舒第一次见到周北，也是个雨天。

那是个周末，易舒自己一个人去附近的商场买东西，临近傍晚，等公交回学校的时候才意识到天色有些异常。她记得中午还是晴空万里的，此刻铅灰色的云层却低低地浮在马路上空，黑云压城城欲摧，穿梭的车流和闪烁的车灯更是让眼前的世界蒙上了奇异的美感。

雨还算眷顾她，等她拎着大包小包坐上公交上的单人座位时，才从天上倾泻而下。回学校的这一班公交车不算太新，车窗关得严实。她仍能感受到豆大的雨点同马路、车玻璃撞击发出的清脆声响。突然，一滴水跳上她的脚背，她惊呼了一声，探过头去，发现车门的缝隙中，正漏着水，像是在公交车里下起的小雨。易舒尽力将腿往内侧缩。

过道那边的男生笑出了声："你很少在雨天坐公交吧？公交车上经常这样的。"

易舒花了一点儿时间才确定这个男生是在和自己说话，等到她想回话时好像错过了最佳时间，男生已经扭过头用手指在蒙着雾气的车窗上画着什么。男生很快画完，她努力辨认着，用不确定的声音问："你画的是龙猫吗？"

抛出一个新问题，好补救她没及时接住上一个问题而制造的弥散在过道间的沉默。

男生笑着点了一下头，"嗯，是龙猫。"

《龙猫》这部动漫，易舒是在来学校报到的动车上看完的，雨天打伞的龙猫和那辆可飞越天空的奇特猫公交，暗合着此刻——一辆正穿过北京秋天第一场雨的公交。这个男生的笑意，像是雨后跳着露珠的树叶那般清爽。

他们在同一站下公交，知道彼此是校友后才开始互报姓名一来一

往的聊天。

"我叫周北，生科的。"他伸手接过易舒手里的大包小包，"你买了这么多东西拎得动吗？要不我送你回寝室吧。"语气中不知何时生出的熟稔让易舒暗中挑了眉，对方却毫无察觉，拎了东西之后走在前头，但似乎放慢了脚步。

怎么看，都不是那种会随意搭讪的轻薄男生啊。可能就是心肠好。易舒盯着他的背影，掩下疑虑后，反倒乱了心跳。

三、一个清晰的节点

初次见面时周北所展露的令人吃惊却不至于厌恶的熟稔好像只是一场错觉，大部分时候，他就是个只擅长读书的呆子。

——易舒将手机扔上自己的床铺，气鼓鼓地坐在下铺女孩子的身旁。下铺的女孩子挑了挑眉，随后是促狭的笑，"哟，怎么了，和龙猫男孩闹脾气了？"

"龙猫男孩儿"。她们这样喊他。

军训时期，住十八个人的大寝室，刚开始大家都显得局促，早早地熄灯后宿舍便是一片骇人的寂静。好在几天后就开启了夜聊模式，从系里面同学老师的八卦、军训时期教官的小动作到每个女生身边的那个他，七嘴八舌接着话腔的同时，她们在黑夜里对彼此更加了解。

在昨晚的夜聊中，易舒将和周北的初见掩去人名，尽量以平淡的口吻描述了一遍，众人却还是在语气中嗅到了满满的粉红气泡。听完之后，她们一个劲地追问："然后呢？"

易舒看着发亮的手机屏幕上自己发过去却迟迟没有得到回复的"晚安"信息，声音发涩，"哪有什么然后，我们也就是认识的方式奇怪了些，只是普通同学啦。"

女孩子们却笑成一团，调侃道，"很快就不是普通同学了"。

虽然有些难堪，但易舒不得不承认，自己的心里也是这样期待的。离他们初识已经过了一年，军训之后的他们就要升大二了。两人之间大多是不咸不淡的聊天，有时在学校的礼堂约场电影，再无其他。虽然偶尔也会显现出亲昵——在食堂一起吃麻辣香锅时，周北一定会记得向师傅交代别放香菜，那是易舒的忌口；生病时周北也会第一时间嘘寒问暖，让她好好吃药……却也止步于此。这些，可以算是一段感情的初露端倪，但却不能作为感情开始的证明。易舒一次次按下自己的希冀，却又忍不住一次次希望他们之间能有续篇。以一个清晰的节点开始的续篇。

军训前几天，睡前易舒都会和周北聊上那么一会儿，吐槽食堂的饭菜和参谋长，分享自己身边发生的趣事等等，也会在对方"要注意防晒"的交代及"等军训结束请你吃大餐"的承诺下将自己红了的脸埋进被子里。直到昨天，易舒发过去的消息却迟迟等不来回复，生怕自己一个人在对话屏里演独角戏，易舒哪怕心如蚁挠却也耐到了临睡前才又发去短短的"晚安"。

仍旧没有回复。早训之后立马回来点开微信的易舒感觉自己就像被关在瓶子里的恶魔，从起初的期待到现在积攒了不少的怒气。既然不回，干脆以后都别回了——她赌气似地这么想，所以才出现了扔手机的一幕。

很快就要开始上午的正式训练，易舒和舍友们一同下楼，汇入迷彩服的人潮中。她们连队在最边上，男生连队都在另一边。她的眼神不住地往远处飘，在心里轻轻叹气，多希望自己有千里眼啊。

军训还算人性化，每训练四十分钟就让学生们回休息区待二十分钟，在休息时间里经常有同学跑到观礼台唱歌。易舒没带手机下来，教官们抓得很严，前几天还没收了几部手机。太阳升起之后的炎热让她更加疲惫。她坐在小凳子上，把脸埋在膝上，边听着观礼台上传来的歌声边模糊了意识，差一点儿就要睡着，直到一个熟悉的声音拎起了她的意识。

"大家好，我是来自生科的周北，我今天上来不是来唱歌的，而是来送一首诗给一个女生。我要朗诵的这首诗是北岛的《一束》。"

忘了是在哪一次的聊天中，易舒和周北提到过这首诗。"因为这首诗跟我的名字谐音，所以格外地喜欢。"

在我和世界之间／你是海湾是帆／是缆绳忠实的两端／

你是喷泉，是风／是童年清脆的呼喊……

周北的声音可能是军训这几天吼得有些沙哑了，易舒抬起头望望四周，起哄后听他念诗的人并不多，但她知道，他读得很认真，一板一眼地。

在我和世界之间／你是纱幕是雾／是映入梦中的灯盏／

你是口笛，是无言之歌／是石雕低垂的眼帘……

他们都不知道，这首诗送给的是哪个女生。可是她知道。她站起身来，往观礼台那边跑，带起一阵风。这下，不用千里眼，她也知道他在哪里。

跑到了观礼台前，易舒反而在离两三米的地方停了下来。周北从观礼台上下来的时候，看见的就是这样一个踌躇着不敢向前的易舒，她没怎么被晒黑，阳光下面容依旧白得发光。他朝她走过去，咧开嘴露出一口白牙，"所以，你是接受了吗？"

"啊？接受什么？我也不知道我来这里干什么……"太冲动了，易舒你太冲动了，人家不就是念了首诗吗？她暗自悔恨着。

他却皱皱眉，"你没听见吗？我在结尾的时候……"他突然声如蚊蚋，"……问你要不要做我女朋友来着。"

易舒瞪大双眼，也许是刚刚跑得太快，经过的休息区又太嘈杂，她竟没有听清他的结尾。

"那我再问一遍好了，"周北立在她面前，神色郑重，"易舒，你要不要考虑做我女朋友？"

易舒的心跳像被按了暂停键，缓过来之后却先问了句，"你为什么不回我信息？"

"我手机被教官收了……"他挠了挠头，"昨天本来想上观礼台的，用手机百度这首诗来着，就被收了。不过后来在宿舍用同学的手机百度了，我还背下来了呢。"尾调微微扬起，勾起好看的嘴角。

易舒又想起初见的那场雨。

休息结束的铃声响起，易舒仓促地冲进他怀里又迅速跑开，她不知道他有没有听见那声"嗯"。

但是她想，她是等到了，那个清晰的节点。

四、一个让人闻到雨后味道的怀抱

可是在清晰的节点之后，有什么被一分一秒地慢慢模糊掉了。

易舒以为，等到那个清晰的节点之后，一切就云开月明，不料时日竟再一次将她打磨成那个攥紧手机等回复的自己。心情大抵是有所变化的，比起当时的忐忑不安，现在更像是，一颗心在数着时间，一点点暗下去。

漂浮在宇宙中的时间太长了，她自己连同她的话语，都要变成尘埃。

过了一会儿，手机振动了一下，易舒的眼神轻飘飘地滑过他发来的那一行短短的话，然后凝住目光，甚至连呼吸都屏住了。

——"你带伞了吗？你没淋到吧？"他的第一句话。

窗外淅淅沥沥的雨声也听不见，宇宙中漂浮的细碎尘埃迅速归位，变成大把大把洒在她心上的粉色碎片。是甜的。

易舒连忙回复，"带了，没怎么淋到。你呢？你在实验室有没有伞？需不需要我给你送伞？"

"需要的。"易舒看着对话框一个个跳出来，他说，"我想你了。"

易舒连忙从床上坐起来，套上还湿着的鞋，抓起伞匆匆跑下楼，推开宿舍楼门的时候却和迎上来的某人撞了个满怀。他的衣服上还有些消毒水的气味。

"你怎么来了？"

"不是说想你了吗？我刚刚在路上。"周北的声音，是往常的清冽。

她埋在他的怀里，有点想笑又有点想哭。周北每次都会让她想起雨后树叶上颤颤巍巍的露珠，而此刻的她，被这个初见时有着清爽笑意的男生拥在怀里。

雨肯定是停了，闻到了雨后味道的易舒笃定地想。不过，再多下一会儿也没关系。

北京秋天的第一场雨，她真的是太喜欢了。

愿你失去软肋，终将觅得铠甲

亦青舒

和长晚不一样，进R中的大门并没有花费我太多力气。

大概是因为我脸上没有妆容的缘故吧，不过是踩着白色短靴朝门卫轻轻一笑，便轻而易举地骗过了在门卫室里抽烟的保安大爷。乖巧的样子在我身上总是浑然天成，它们保留着一个高中生的天真无辜，还残余着一点点优等生的谨慎保守。

这些气息在我身上曾经长久地停留，以至于它们现在仍然弥久不散。

长晚远远地便看见了我，她涂了粉底，画着睫毛，眼线笔大概用的是Kiss Me，我可以清晰辨认出她脸上的每一处修饰，并且在心里迅速描绘出她从前的模样。

那个个子很高的女生，穿着深蓝色长袖，和死党大摇大摆地走在学校长长的走廊里，嬉笑怒骂全写在脸上。那个时候我常常坐在教室前排写题，听见惊天动地的笑声的时候会抬起眼朝门口方向瞟一眼。

我从来不知道她为什么总是笑得那么开心，那样子仿佛要让全世界都知道。

"我去，凭什么门卫就让你从正门进啊，"她骂骂咧咧的样子让我觉得很熟悉，好像那个两年前的长晚又站在我面前了，"老子怎么骗他都没用，结果从侧门翻的墙耶。"

"反正你一米七八，长手长脚，身手敏捷。"我笑着望着她，"今天气色很好啊。"

"语文课代表当太久，脱口就是四字词语还真是难改啊，"她也笑着看着我，眼神里带一点点挑衅，"你别装啦，明明就看得出我化了妆来的吧？"

我只是抬起手递过一杯热雀巢，说："我们随便走走吧，反正来都来了。"

其实长晚曾经是我在文科班的一枚劲敌，这件事连她自己都未必知道。

如果我坚持选择理科的话，我和长晚其实并没有相遇的可能。彼时我在A类班，她是B类班，只有文科班才会因为人数不够而挑选一些B类班的学生进来组班。我收拾我的东西走进新班级的时候形单影只，像个一腔孤勇的战士。我掏出一本《尘曲》看得心无旁骛，然后一阵惊天动地的笑声把我从小说里拽了出来。

果然是她。

不过生活总是不同于跌宕起伏的小说，虽然未识其人先识其声，我和长晚的相处还是一直止步于普通同学的状态里。我们之间的距离和排名表上的差距一样远。

她对于学业的态度像极她的为人。散漫随意，不喜拘束，骨子里淌着崇尚自由的血，性格更像是来去自由的风。她读米兰·昆德拉和村上春树，和班里的男生交好，和女生的关系也颇为融洽。运动会上她去跑接力，大家的呐喊声响彻整个操场。作文是她的长项，语文课上老师让她念自己写的散文，动辄几句台下男生便击掌叫好。她总是撑不住会笑场，边笑边念，念着念着整个班都会被逗乐。老师也笑得慈眉善目。

接力赛里有我，念散文里也有我。而我从没有那些笑声，只有大家礼貌客气的掌声，稀稀拉拉的，偶尔夹杂一点儿艳羡，听在耳里就像很快散去的一阵风。

我遇见过很多优秀的人，他们大抵总是相似的，浑身上下无懈可击，全是闪闪发亮的优点。可是真的唤醒过我嫉妒心萌芽的那个人，只有长晚。我羡慕她广交朋友，羡慕她笑声放纵，羡慕她那张高分的地理试卷和她站在地图前介绍山脉河流时的镇定自若，羡慕地理老师投去的赞许眼神。漫长的青春期里我曾是性格孤僻的少女，习惯于避免热络的人际关系，并反复告诉自己并不需要那些纠葛。可长晚就像一面清澈的湖泊，让我清楚地看见自己的倒影。

我总是把我的羡慕和那张不及格的地理试卷一起藏好，不愿意面对那个寂寥的自己。

不过幸好没有人拿我和长晚比过，她和我坐在教室里的不同区域，上课的时候做着不一样的事情。她每天开着玩笑活得好似高三永远不会来临，而我每天一意孤行地准备着高考，期待着离开这个逼仄狭窄的教室，这个闭塞落后的小城，以及它漫长阴霾的冬天。

只是后来事情却变得很不一样。

当长晚的名字出现在排名表的年级第五时，班主任宣布名次的时候揉了揉自己的眼睛。班里寂静了一会儿，仿佛被震惊的情绪按下了暂停键。

高三后期出现的每一匹黑马，都需要大家用沉默去努力消化。

而长晚就是那些年里最黑的那匹马。

谁也不知道她什么时候就忽然把乱七八糟的杂志、小说收起来了，桌子上开始堆满凌乱的复习资料和试卷。她不再披着那头瀑布一样的长发了，也不再偷偷尝试新的口红和美甲。她拼命的样子让人觉得陌生，好像那个散漫随意整天把"爱谁谁"挂在嘴边的女生凭空消失了，取而代之的是个谁也不认识的拼命十三郎。

只有我长舒一口气，仿佛终于为自己那点儿嫉妒心找到了理由，我的对手确实是一个值得尊敬的女生，她终于可以站在和我势均力敌的位子上，和我开始真正意义上的角逐了。

渐渐地，长晚开始直逼我的排名。我和她擅长的科目非常相似，数学都是我们的弱项，而语文和历史却一再刷新纪录。我们在单科上的分数几次并列第一，狭路相逢多了，两个人之间也就心照不宣，甚至班里都开始有人察觉端倪。

不过我比谁都淡定从容，没有丝毫吃惊。照样写完题十一点准时睡，只是躺在床上的时候会想起排名表上不断逼近我的那个名字。

这个名字曾经出现在一封鹅黄色的信笺的落款上。扭扭歪歪的字不算好看，但是很认真。像是一个放纵不羁爱自由的人忽然上缴的郑重与温柔。

但是这封信在我手里的时候已经被弄得很脏，脚印清晰可见。值日打扫的我本无意于窥探别人的隐私，攥着一封信在手里不知所措。直到身边的一个男生礼貌地对我一笑，抽走了这封信。

"不好意思啊麻烦你打扫了。"他是高二A类班里女生公认的男神，据说喜欢优秀的女生。笑起来让我觉得自己正怀揣一颗小鹿乱撞的少女心。

少女心其实很快就消失了，因为我看见他把那封信揉成一团，转身投进了教室角落的垃圾桶里。弧线完美得像他在无数个黄昏里投过的三分球。干脆利落，不带眷恋。仿佛手里的东西生来就应该被抛出，投准了目标就能得分一样。

我嗓子里藏着一声"喂"，却被男生和同伴戏谑的笑声憋在喉咙里发不出声来。

"B类班的女生也想追你啊，真是可笑。"

所以我记住长晚，并不仅仅是因为她惊天动地的笑声。还因为我心里藏着时隔很久的愧疚：我没有替她打抱不平，没有替她当着那个男生的面喊一句："做人要是也分AB类，你肯定是次等人啊！"

听说她后来还是断断续续写了很久的信。直到高三终于被狠狠拒绝。

那一次我刚好晚自习偷溜出去买柠檬水，不留神在经过小竹林的时候听见了女孩子的哭腔。那是我第一次看见长晚狼狈的样子，一米七八的她哭起来很隐忍，眼眶红红的，非常小声地问："我要怎么做才能被喜欢啊？"

男生的语气在我听来简直有恶毒的意味："在文科班你都进不了前十，我们以后要去的地方肯定不一样。你要我怎么接受你？"我那个时候真的忍了很久，才没有把自己手里的柠檬水泼在他身上，只是毅然决然地走过去，把那个眼眶红红的女生拽了出来。

她那天的手有多凉，她之后熬起夜来就有多狠。我知道的。

我还知道我牵着长晚走出来的那一刻，我和她之间的关系，已经变得不一样了。

"谢谢你那天把我拖出来啊，不然我可能真的不知道自己还会说出多低声下气的话来。"她笑起来露出洁白的小虎牙。

"我记得你高三有次喝醉了酒跑进来上晚自习，结果三节课一直在哭哭笑笑撒酒疯来着。肯定也是为了他吧？"

"原来我还做过这么蠢的事啊。"她笑起来云淡风轻得要命，脸上的妆容还是无懈可击。她确实不再是那个被拒绝之后只会蒙着被子哭的小女孩了。时间是怎么教会我们从容面对失败和沮丧的，我们受过伤之后是怎么默默把那些失落吞咽之后再咀嚼消化的，这些问题好像永远都没有答案。

"其实我也喜欢过他的。可我没你勇敢。"我深呼吸，终于非常诚恳地对着长晚，流畅地讲出了这句话。

她脸上是我意料之中的错愕。

"我有很长一段时间，莫名其妙地嫉妒过你，"我也不知道哪来的勇气，自顾自地往下说，"我嫉妒你有告白的勇气，嫉妒你有热闹人生，你爱恨分明从来都不必考虑成本，我却从来也没勇气说出自己内心最真实的想法。如果说他曾经是你的软肋的话，那你也曾经是我的软肋啊！"

"直到那天我牵着你的手把你从那个昏暗的小竹林里走出来，我才忽然发现，原来嫉妒还是没有湮没我的理智，我在那一刻没有一点儿幸灾乐祸的快意，只是想牵着你从黑暗里走出来，告诉你，有一天你会丢弃这根软肋，变成一个穿着闪闪发亮铠甲的没有死穴的美少女战士。"

我记得我们都在黑暗里摸索过很久，因为心里还有一点儿微弱的光，才勉力挣扎着走到了今天。表白失败，被喜欢的人轻视，被这个世界不公平地对待过，没来由地嫉妒一个同班女同学，这些都算是可以写进人生丢脸条例里的不怎么光彩的事情。可是我们也还是有一本记满人生里闪闪发亮的故事的小册子，里面写着我们曾经被打倒过，但是又努力站起来往前继续走的精彩章节。

没有被击倒的长晚，最后还是拿出了一个足以摔在男生脸上的分数，走了一条比他更辽远更开阔的长路。和长晚和解的我，最后没有变成一个冷漠自私的优等生，而是学会了如何交付真心，如何融入热闹，好让生命不至于变得太过于寂寥。

我们是这样一步步、温柔耐心地走过那段坎坷的青春期的。剔除软肋的过程很艰辛，在此之后重新找寻铠甲的长路更是漫长又跌宕。但此刻我们相视一笑，就能泯去所有心酸的过程，就能站起身眺望美好的前方。

她不知道从哪里掏出了啤酒，脸上的笑意变得慵懒又温柔。

被你嫉妒过的我觉得很荣幸，我听见她说，谢谢你。

神秘鼠王事件簿

砖

1

宿舍卧谈会。

"陈干事是教数学的吗？大半夜的酸死我了。"

"小甜甜不理他了，干事还要再接再厉啊。追个历史才女可真够惨的。"

近日，陈干事正在追我们班主小甜甜这件事默默穿梭在同学们之间。

于是我们深夜费尽心力扒出干事的微博。

第一条就是："如果你愿意，我会牵着你的双手，陪你走遍世间的每一处风景，看遍人生的花开花落。只要你记得，在你看不见的角落里，有一个我……"

……

实在按捺不住，众人一吐为快。

"对了，我们一直觉得陈干事和你挺配的。"小六突然没头没脑地对我说了一句。

"啥？干事？我？Are you kidding me？"

"真的，每次他把你叫出去一通胡骂，你在旁边望天吹口哨，那种场景实在无比融洽。"

"是是是，每次你们正面交锋，我都觉得萌点尽戳。"

"还有还有……"

奇了怪了，今天话题全都"嗖嗖嗖"向我劈面而来，我淡定地在额头边一抓，朝窗外扔了出去。

"肃静！"

宿舍三秒后死一般的寂静。

"这是姐的事儿，你们洗洗睡吧。"我做最后总结性发言。

小六从床上坐起来对我抗议地喊："你不能这样！上次你们扒我男友，你还动员了隔壁宿舍和隔壁的隔壁宿舍！"

"那还不是因为你那谁长得比较有扒点，那脸皱得跟橘子皮儿似的，谁见到不想扒。"

小六气极语塞，"哼"了一声倒下闷头睡了。

"修女"倒是仍兴致勃勃地继续挑起另一个话题："听说今晚班里熄灯后，人老李硬拿着手机给你照明啊！"

"原来是这样，我还以为是我本身自带圣光呢。"

"……你够了。"

"各位姐妹，你们觉不觉得大呆和老李长得相差无二。"

"那叫相差无二吗，你能不能好好用一下成语。"

大呆是我暑假出去玩买回来的一只肥仓鼠，体形硕大，四肢强健。由于母亲大人死都不愿意我把它丢在家，我只能把它揣到宿舍，成了我们宿舍的新一代吉祥物。

我记得上一代是修女的雪花膏。

问题是我越养越觉得大呆眼熟，每次逗它的时候，总觉得它憋圈的样子很像某人。

经过无数个日夜的冥思苦想，我终于了悟：它就是我后桌老李的后代啊！

我兴冲冲地跑去告诉了老李这个惊天动地的消息，结果老李被我捉弄惯了，根本不肯相信我说的话。

"那贼眉鼠眼的呆样明明就是你的复刻版啊！"我急于让他相信，"不管，过几天我带它到班里，你们立马相认。"

"所以你明天打算带去给老李看？"修女忍不住问我。

"当然。"

"可明天月考，我们真的要这么具有娱乐精神吗？"

"那是自然，娱乐至死。"

2

我出名了。

在我又一次与陈干事进行激烈的眼神对峙时，我听见路过的隔壁班同学窃窃私语："鼠王和干事在干啥？""可能在采取心理战术。"

我在心里默默地鄙视了他们一万次。

你才鼠王，你全家都是鼠王！

暗骂完，我继续瞪着我那双清澈的眼睛一脸纯真地看着陈干事。

陈干事长得人模人样，头发总是一丝不乱，有一种让我一看就忘的文青气质。

我开始数他下巴有些青青的小胡碴儿。

他终于被我看毛了，清了下嗓子，不自然地抿了一下嘴唇："你解释一下。"

我茫然地看着他："干事，我要解释什么？"

陈干事一脸"你耗吧，你慢慢耗吧，反正我比你有时间"的小人模样看着我。

事情是这样的。

上星期的月考，我遵守诺言把我的仓鼠大呆带到了班里。我想，大呆傻是傻了一点儿，但一定相安无事，一切太平。就等考试结束，让老李对着它照照镜子。不料，试卷写到一半的时候，大呆突然惊坐而起，神采奕奕，拔腿就跑！它绕着我们班，目光如炬，气势如虹，一路过关斩将，所向披靡！最后停在小甜甜脚下，小甜甜突觉脚下有动静，不禁一望——天哪，看到大呆她几乎要背过气去。

老李在我后面颤抖着说："我要是像它，我早就被陈干事一掌拍死了。"

但我不是没有挽回局面的呀！当下我就起立，打算拯救小甜甜于水深火热之中。我举起"尔康手"，神色悲壮，声音势若洪钟："大呆！"在同学们惊诧的表情中，我三步并作两步，跃上讲台，对花容失色的小甜甜说："甜甜，让我来！"我自信沉稳、英姿飒爽地向大呆伸出了双手——不负众望，没有捉住。

大呆又开始不亦乐乎地跑圈圈，嘿咻嘿咻，锲而不舍。

举班沸腾，月考泡汤。

我想，这个我的确是要负一定责任的。

我对干事说："干事你放心，我以后一定会加强管理，对大呆实行爱的圈养。"

……

有人带一只仓鼠扰乱了月考考场这件事举校皆知。修女给我起了一个low出天际的外号——鼠王。

我也不知道这个世界是怎么了，这种外号居然也能流传开来，简直颠覆我的三观。

3

我自认为我的前方是一条康庄大道，我会永远顺畅而行，逍遥自在。直到遇见两颗硕大的"老鼠屎"。一颗是陈干事，一颗是修女。

据我看来，陈干事对我是又爱又恨。因为我一星期最少得被他叫出去碎碎念三次。

原因很简单，我不喜欢戴校章。那玩意儿戴脖子上，对于一个放荡不羁的美少女来说，简直是不能承受的生命之重。

干事见我屡教不改，气得用了一个四字词来形容我：一潭死水。

结果由于他的发音不足，脱口而出就变成：

"你简直是一潭'屎'水！"

……

我人生最大的污点来于此。

让我再来讲讲修女。

修女这个名字是有典故的。有一天她在路上看到一个女生穿着连帽衫，目光凌厉，嘴角翘起，整个人的气场神秘而强大。

修女把持不住，哆哆嗦嗦地朝我喊："好帅！我也……"

于是她仿照这个女生……结果就不说了，她穿出了一种天主教修女的感觉。

和修女在一起，你必须时刻担心自己的运气和生命安全。

我发现了一个古怪的规律，只要每次和修女一起等厕所，她等的那个茅坑里的人一定如风般出来，我等的那个人永远在拉屎。

而没有她的时候，一切简直完美。我以我的作风速战速决。

而这次，我已经背到人神共愤的境界了。

本来已经等了一个世纪，迫不及待地解决后发现——门坏了。

我被困在厕所间里，还有比这更猥琐的事情吗？

修女忍不住在外面吼我："鼠王，你是不是掉进厕所里了？！"

我说："这情况好像是的。门坏了，我估计要在这里度过余生。"

"什么？！你还好吧？"

"废话。快帮我一起推门。"

修女连忙冲进来，想帮我拉门，还没拉突然停下动作。

"你干吗？"

"你没在拉屎吧？"

"你还嫌臭！有你这样的人吗！"

"不是，万一你在里面，我一拉门，怕把你给牵出来。"

……

"修女，你还是去叫小甜甜来吧……"看她弱不禁风的样子和比猪还蠢的脑袋，我甭指望她会帮上我什么忙了。

但我忽视一个很重要的事实，就是小甜甜比我的身板还小。

我也不知道过了多久，反正小甜甜来了悻悻而去，又来了几个女老师同样束手无策。

我十分落魄地蹲在茅坑旁，好像已经完全免疫了厕所里的味道。

修女隔着一扇门对我说："鼠王，我有点担心你。"

我说："你还算是个人。"

"我担心你出来，全身都是屎味。"

"修女，我劝你哪里凉快哪里自挂东南枝。"

正当我已经开始考虑晚饭和在厕所中的住宿问题时，门突然被一脚踢开！我吓了一大跳，抬头一看——

陈干事！

我不禁对他肃然起敬。因为门，已经完全脱离门框而存在了。

由于用力过度，他的头发已经有些许凌乱，带着几分迷蒙的凌乱美。

相顾无言了一会，我正气凛然地开口："干事，你居然擅闯女厕所。"

陈干事用不可思议的眼神看着我。我觉得如果不是门散架了，下一秒他会果断地把门重新关起来。

这件事就这么匆匆落下帷幕。修女却要我反省一下对陈干事的态度。

我听了她的话也觉得煞有道理。如果不是陈干事的临门一脚，我性命堪忧。

在修女的鼓励下，我拦住了从办公室出来的干事。

"怎么又是你？"

"陈干事，上次的事我还没谢谢你……"

"都过去了就别谢谢了，没什么事我就去开会了。"

"等一下！"

我把一个小笼子递给了他。

干事石化般立在那里，艰难地看着笼子里的东西。

"我把大呆送给你，当作感谢的礼物。"

"你……"

"干事，你要是不接受的话，大呆又要跑圈了。"

陈干事看着我踌躇了一会儿，最后只好万般无奈地接过我的笼子，匆匆离开。

我看着他稳健而不失风度的步伐，突然发出了一声感慨。

"我觉得干事蛮帅的。"

修女惊讶地看着我："少见呀，你居然会夸他。"

"我是说，提一只仓鼠去开会的事。"

4

我们甜甜长得特别好看，五官端正清秀，睫毛又长，马尾扎得高高的。因为大学毕业还没多久，每天总是穿得特别少女，爬楼梯都元气十足，蹦蹦跳跳的。

醉人的是还有浅浅的酒窝，一说话就若隐若现，一笑就甚是明显。每次我去办公室问她问题的时候，总是爱盯着她的酒窝瞧。

有次她讲着讲着突然停下来，然后狐疑地看着我："你在看什么？"

"看……看……"我十分艰难地转话题，"看我七十二变。"

正在旁边喝茶的干事喷了。

"昨天遛仓鼠，今天困茅厕，明天还要变成什么啊？"

"明天飞天，后天遁地。"我气定神闲地回答他，"干事要记得拉住我的缰绳。"

甜甜忍不住掩嘴轻笑。

干事看甜甜笑，自己也突然在那里呵呵傻笑。甜甜的笑意越来越浓，笑意在脸上漾着漾着就漾到干事脸上去了，然后两个人越笑越甜蜜。

我站在那里无语地看着他们两个，还没追到手就这么暧昧了，这是要折煞我这只单身狗吗。

那我怎么可以示弱啊！于是我发疯一样地笑起来："哈哈哈哈！哈哈哈哈！哈哈哈哈哈！哈哈哈哈哈哈！"

干事和甜甜的笑意顿时凝固在脸上，我还在一旁边笑边鼓动他们："有什么好笑啊，哈哈哈哈哈，你们为什么不笑啊，哈哈哈哈哈。"

反正我当时一定很无聊，因为当修女进来交作业的时候，都被眼前的场景吓傻了。

修女后来回忆，当时干事和甜甜都张着嘴痛心疾首地看着我，一脸"该拿什么拯救你，我的孩子"的表情。

可我确实觉得干事笑起来比他绷着脸训我帅多了，比他上课在黑板上解各种难出天际的数学题帅多了，比他一脚踢飞厕所门帅多了。

尽管他的微博还是"如果你愿意，我一定会牵着你的双手"之类的。

虽然我们经过讨论，一致认为正常的情侣并不会牵着双手走路，但我还是很看好干事的。

5

我每天都会感叹一句，我的高中生活平平淡淡，有一种细水长流的美。

修女说你拉倒吧，就你这样还平淡，那我们不得都是一潭屎水。

修女还是修女，换一件连帽衫还是像修女。

只是干事，听说甜甜在某个伸手不见五指的黑夜里对他做了一个鬼脸。

胖胖的十五岁

　　我一直都是被嘲笑、戏弄的主角，后来可能是大家觉得我从不反驳，只会流泪，逗乐我也没意思，慢慢地，就没人捉弄我，同样的，我也就渐渐被所有人忽视了。不过，我很感激那段被人忽视的日子，终于安静了，我可以像个"隐形人"一样，自由自在地独来独往。

胖胖的十五岁

阿 杜

1

读初一时，有个男生嘲笑我："你长那么胖，还那么黑，真是丑爆了！"在众人的哄笑中，我无地自容，恨不得挖个地洞钻进去，再也不要出来丢人现眼。我痛恨那样"当众打脸"的玩笑，但我又不能生气，还得假装大度地不去理睬，但眼中的泪却止不住地涌了出来。

我一直都是被嘲笑、戏弄的主角，后来可能是大家觉得我从不反驳，只会流泪，逗乐我也没意思，慢慢地，就没人捉弄我，同样的，我也就渐渐被所有人忽视了。不过，我很感激那段被人忽视的日子，终于安静了，我可以像个"隐形人"一样，自由自在地独来独往。

我的世界里只有漫画和课本。我不是学霸，也不是学渣，中等的成绩有时连老师都记不住不爱说话，更不会举手的我。虽然我很努力，但成绩一直没有什么起色。写作业累了，我就翻翻漫画书，让自己有片刻的轻松心情。无聊的闲暇时光里，没有会邀我逛街的闺蜜，我也不喜欢看电视玩游戏，唯有随心所欲地画自己喜欢的漫画打发时间。

床底下塞着我收藏起来的满满两大纸箱漫画书，还有一大摞我画的漫画作品。很感激我的父母，他们从来没有干涉过我的生活，无论我是写作业，看漫画书，或者画漫画，他们都不会过问。我生活在自己的世界里，没有朋友，独自欢喜或忧伤。

2

新学年开始，我的后桌来了个陌生的面孔。那是一个长相很清秀，皮肤又白皙的男生，很瘦，似乎一阵狂风就能把他吹走。可能是初来乍到吧，他一个人安静地坐在角落，眼睛看着窗外。

有几个女生主动去找他说话，但他似乎不那么愿意搭理，问一句，答一句，几次后那些热情似火的女生也打起了"退堂鼓"，再不去招惹他。他叫简单，听同桌杨娟说他是从其他城市转过来的。

同桌杨娟是个对任何事情都兴致盎然的女孩儿，很活泼。我们刚坐在一起时，她总在放学后拉着我跟她一起去逛街。她相中一件衣服就指给我看，问我意见。我总是说很好。她就有点烦了。其实我也想多给一些意见的，但说不出来。长相还不错，身材又好的她，其实穿什么都漂亮，不像我，什么衣服套在身上都难看，连累了衣服。

路上，杨娟热情洋溢地跟我聊起最近当红的偶像明星，这个小鲜肉，那个老腊肉的，我没一个认识。见我一脸茫然的样子，她质疑地问："你平时都不上网吗？也不看电视？你连吴亦凡、张艺兴都不认识？"我摇头时，脸倏地涨得通红。我是太落伍了吧，但我确实没兴趣去关注那些与我毫不相干的偶像明星，就算他们再帅也跟我没关系，毕竟我长这么丑，连班上的男生都懒得看我一眼，那些远在天边的明星，我去关注他们干吗呢？还不如看看漫画书有趣一些。

我知道杨娟是好意，她想让我融入她的圈子。每天一下课，总有一群女生围在杨娟身边，他们讨论最新流行的服装品牌，穿衣打扮的心得，还有就是近期爆红的明星。我也曾试着上网看一些新闻、娱乐报道，但我总是记不住那些面目相似的脸，都很帅，可是我分不清他们谁是谁，后来就放弃了。

慢慢地，杨娟就没再勉强我。我们同桌，却很少说话，她每天呼朋引伴从不寂寞，我也正好落个清静。

杨娟也对后桌的简单热情过一段时间，但面对简单的无动于衷，她也没辙。但我曾听到她对她的那群小伙伴说："坐在那个角落，我真是烦透了，连个说话的人都没有。"想想她曾对我的热情，我觉得很对不起她。

3

简单每天一个人来来去去，他从不主动说话，别人问一句，他才答一句。几个男生看他个高，邀他一起去打球，他拒绝了。跟他聊游戏，他也没兴趣。那些男生悻悻离开时，愤然地说："怎么跟那胖子一样呀？毫无乐趣，真是两大奇葩。"

我是安静的胖子，简单是安静的美男子，这是杨娟说的，她还说，虽然都是安静地待着，但性质却迥然不同。

考试后，大家才惊觉，安静的简单才是真正的学霸，数理化全都满分的他，一时间成了学校的焦点人物。大家都在夸奖他时，我却看到了他的不安和烦躁，或许被人关注，并不是他想要的。

我的日子依旧过得很安静，只是初三了，身上似乎被一种无形的压力压得喘不过气。我已经很努力了，但成绩还是保持在中等，心里莫名诚惶诚恐起来。

有一天放学后，我又绕道去了南山公园。我不想回家，不想写作业。一下午考了两门功课，我觉得要累瘫了，蔚蓝的天空在我眼中也变得灰扑扑。我要去南山公园喂喂那些流浪猫，很多孤单的日子里，我都会去。我觉得，和流浪猫相处是件轻松简单的事，我不必讨好它们，只要带些猫粮过去，就会有很多的猫围过来。

在我专心喂猫时，不知道什么时候，我的身后多了一个人。是他的影子让我注意到他，转过身看，我呆了，竟然是简单。看我回头，简单羞涩地挠着头说："你也喜欢流浪猫呀？"他手里头，也拿着一包猫粮。

简单主动开口说话，我愣住了，直到他也蹲下来给流浪猫喂食。"你怎么会来这里？"我轻声问，并不敢看他。"我家住这附近，平时没事喜欢来这转转，这里空气好又安静。"简单说。原来离开教室后，他也不是那么不爱说话。

"我昨天来，发现有只猫可能生病了，想给它带些吃的。"简单在我还没回话时，又接着说了。说起流浪猫，简单仿佛变了一个人，他的眼中是满满的关爱。

不知道为什么，我觉得和简单说话很舒服。虽然在这之前，我们几乎是零交流。十五岁的年纪，友谊的建立有时没那么多的规则和常理。其实我们都并非不要朋友，只是很多时候，我们并不知道该如何与人相处。

4

我喜欢看漫画书，画漫画，却不爱上网，不热衷明星八卦，胖的缘故吧，对穿衣打扮毫无见解，也知道自己长得丑，对身边的人总是刻意地保持一段距离，从不敢轻易敞开心扉，怕被伤害，宁愿孤单。

简单也是个不合群的人，他和男生总玩不到一块，他不喜欢运动，不爱网游，只对漫画书有兴趣。可能是天赋吧，对学习不太热衷的他，却总能轻松考出好成绩，让人羡慕嫉妒恨。他不喜欢别人喋喋不休地问这问那，喜欢安静地想问题。

"在以前，我也曾觉得自己的格格不入很不好，于是努力想融入大家的世界，但很辛苦，表面是不孤单了，但我心里却更加寂寞。后来我想明白了，我是个怎样的人就怎么做，不想迎合，更不愿勉强自己。我不喜欢被关注，只希望像个'隐形人'一样生活。"

在我和简单渐渐熟悉后，有一天他这样告诉我。其实我能明白，十五岁的我们并不害怕孤单，而是怕在迎合别人时，变得连自己都不认识了。我们都有自己的世界，只是和别人没有什么交集而已。

我和简单应该算是同一类人吧，就像同学说的，我们两个是奇葩。我们不懂得与人交往，不懂做人处世，而是习惯待在自己的世界里。也曾感到寂寞，可是当我们试着融入别人的圈子时，说着言不由衷的话，又觉得浑身不自在。

我们喜欢跟流浪猫相处，会把零用钱攒起来为它们买猫粮。在学习累时，翻翻漫画书就能得到片刻的轻松愉悦。我们都不怎么喜欢说话，安静地坐在公园一隅，看一片片闪着亮光的绿叶，仿佛那就是青春的绚烂，即使这样，我们也能平静地度过寂寞的十五岁。

就算一个人走也不孤独

M 君颜

"有时候友情真的很脆弱。"

小一趴在桌子上，用胳膊遮住红红的眼。

我不知道怎么安慰她，只能拍拍她的肩，"会好起来的。"

我在日记里写：这是语走后的第三十天，杳无音讯。

我不是一个喜欢写日记的人，可是在语走的第二天爱上了这种记录心情的方式。

高二分班，她选了文科却没有告诉我。那天晚上我站在她对面冷漠地看着她，想从她脸上找到愧疚的情绪，可是没有。

"你为什么不告诉我一声？"

她像往常那样嘟了嘟嘴，很可爱。

"我喜欢文字，但是你不同，理科更适合你。"

我没有说话。确实，语一直都是个喜欢文学的人，一身书香气息。而我，却更喜欢埋头计算那些枯燥乏味的数学题。

她过来摸了摸我的头，我打掉她的手。

"就算我说了也不能改变什么。"

我看着她，其实我是担心她不要我了。我是一个没有安全感的人，总是害怕失去什么。从初中认识语到现在我的身边除了她再也没有其他人了，我不知道她走了之后我的生活会不会一团糟。

她对我说再见。

我看着她的背影越走越远，有一种被背叛的感觉。可是我不会哭，因为我不是煽情的人，眼泪这个东西对我来说从来都是奢侈品。

其实她是留了号码的，可是似乎双方都在僵持，谁也没有主动联络过对方。明明就是楼上楼下的距离，却连见个面都困难。

小一是语走后的同桌，自然而然地很快走到了一起，但是还达不到闺密的程度。因为语在我心中始终占了一席之地。而且小一和许才是一对，可惜最近不知道什么原因开始冷战。

"她不相信我，总觉得我在骗她。其实我只是对自己不自信啊！"

月考的成绩贴在墙上，小一好几次排在了许前面。当然这并不是原因，只是因为小一总是在许面前说她考得不好，可是成绩出来的时候小一的成绩却意外的好。第一次小一觉得惊喜，许也会很真心地祝贺她。

可是后来好几次都是这样，许终于爆发了。许开始单方面地冷战，她对着别人有说有笑就是不理小一。

别人问，你们怎么了，平时很好啊。

小一说，我不知道啊。实际上她委屈得已经快哭了。

体育课的时候，我和小一坐在树荫下呆呆地看着篮球场上挥汗如雨的男生。

"那个男生打得真差劲。"我心不在焉地点评。

"瞎说，童童抢篮板很厉害好不好。"小一不同意。

我不说话了，我不懂，《灌篮高手》那么火的动漫我都没看过，语一直说我太落伍了。

"唉，你说我要不要向许道歉啊？"沉默了一会儿，小一碰了碰我。

"又不是你的错。"我翻了个白眼，觉得许有些太过了。

小一沉吟了一会儿，"那你想不想语啊？"

"我才不想她，我很开心现在！"我嘴硬地不肯承认。

这回轮到小一翻白眼了，"鬼才信你，看你天天愁眉苦脸一副我被抛弃的怨妇样！"我作势要打她，她笑着跑开了，"我去食堂买水，你要不要去？"

我摇摇头，又坐了一会儿站起身才发现许就站在我的身后，她说："你不要离小一那么近。"

我转头看她，许鼓着脸像个被抢了玩具的小孩子。

"你不是不理小一了吗？"

许一时语塞，但还是死要面子地放出一句，"那是我的事，反正小一是我的！"

我被她的"表白"给肉麻到了，我搓了搓胳膊一身鸡皮疙瘩。

买水回来的小一被许拉了过去，远远地我看见她们都皱着眉，听不到她们说什么但是总觉得不像是很愉快的对话。

下课的时候，我特意绕道去了语的班级，我站在窗口朝里面看没有看到她。一个人问我找谁，我尴尬地笑笑走开了。可是在我抬脚上楼梯的时候，我看到她挽了另一个女生有说有笑地回来。

我飞快地上了楼，像做贼一样。有些难受，原来除了我，没有人会傻傻地在原地等谁了。

晚上的时候我终于顺着语的号码打了过去没有人接，我又发了短信，很长很长，可是到第二天早上都没有人回我。

我想我和语的友情大概是要到尽头了，我把日记本撕成了两半扔进了垃圾桶，捂着脸想哭一通却哭不出来。

语再次打过来是在两天后。周末。

我还在睡觉，躺在床上语气不善地接了电话，那头说："嘿，有没有想我？"

听着熟悉的嗓音顿时没有了睡意，激动不过一秒我就冷静下来，用很平淡的语气说："没有，我过得很好！"

"那天我看到你了，"语顿了顿，"小雅你是不是生气了？"

我咬着唇没有说话。

其实友情和爱情一样，容不下第三方。看到语和别人走在一起我很难受，不喜欢。突然觉得我和许是一样的，都自私地想把对方紧紧地拴在身边。

"没有了对方我们不能永远只是一个人。小雅，你要知道不是所有人都能陪你一辈子，没有我你也要走下去。"

我想起了小一红着眼睛对我说，"许的身边总是有很多人，但是我只有她一个啊。"

对啊，我又何尝不是，除了语我还有谁？

电话那头传来车鸣声，还有熟悉的叫卖声，我有些不确定地瞪大了眼，问："你在哪里？"

"你猜？"语轻轻地笑了起来，她似乎将手机离小摊更近了，吆喝声更加清晰地传来。

我从床上一跃而起，连睡衣都没有换，冲出家门。

语正挂断电话将手机放进包里，抬头就看见了我衣衫不整的样子。

第四十天。

她冲我张开手，"这四十天，你过得怎么样？"

我慢慢走了过去，"很糟糕很糟糕，还有我很想你。"

她笑，梨窝微微漾起，似乎什么都没有变。

"我们还是好朋友吗？"我抱住她。

"初中三年到现在。你以为谁都像你那么没心没肺？"

"那你怎么不接我电话，也不回短信？"一想到这个就来气，害我伤心了那么久。

语疑惑地看着我，"没有啊。"

我不信，她掏出手机给我看，然后她似乎想到了什么，搂住我的肩膀笑出了泪，"你是不是记错号码了？"

我石化了一会儿，不服气地哼了一声："我们友谊的小船翻了！"

"那就再让它翻上来。"

在学校我和语依旧很少见面，但是周末的时候我们会穿一样的衣服挽着手走遍大街小巷，互相诉说着各自班级的事情，然后笑得毫无形象。

"人总是会分开，为着我们不可妥协的前途，和所谓的明媚希望。"当语像背台词一样说出这句话时，我不屑一顾。

她拉着我的手，很认真地说："我们会永远在一起。"

"谁想和你永远在一起！"我昂着头像只骄傲的公鸡，却暗暗把语的手捏得更紧了。

069

小一和许也在那个周末和好如初，只是许依旧对我的介入抱有很大的不满。我无所谓地笑笑，继续死皮赖脸地夹在她们中间。

可是现在的我啊，就算一个人走也不会孤独了。

时光不忘李逾年

八 螯

去年夏天，我和家人们去坛南湾沙滩烧烤。我拿着空的矿泉水瓶跑到沙滩边往瓶子里装沙子。坛南湾的沙子细软白净，是我家乡的特色。

回到家后把沙子装进许愿瓶，往瓶子里塞了纸条。

小小的许愿瓶随我一起穿越了大半个中国，从南方小岛一路飞到了吉林。

要送给朋友们，李逾年是其中一个。

1

我和李逾年是八月在老乡群里认识的。我们是同一个省的，考上同一所大学，还是同一个专业，后来专业分班出来时意外地发现还是同班的。

一开始是希望能找个同行的聊天，后来虽然没能同行但还是一直聊了下去。共同话题很多，便也熟识得极快。

开学时我和结伴而行的卓七由学长领着去报到，在校园的路上遇见了李逾年。虽然因为距离很远看不清模样，但我还是笑着在阳光下朝他挥手。

在新生第一次集合时才近距离地看见了李逾年。男生高高瘦瘦，皮肤很白，表情呆萌。和他打招呼。就记住了他的两句话，一句是：你声音也没有很难听嘛（我在网上聊天的时候说自己的声音特别难听），另一句竟是一脸认真地问我：你是不是没洗头？

我的手不自觉地握成了拳头。

2

刚开学几天我就生病了，是大一以来最严重的一次。

起初我只是觉得不舒服，吃了感冒药就睡下了。结果半夜三点喉咙痛到要爆炸，额头上全是冷汗，我完全发不出任何一点儿声音。

我躺在宿舍的床上不知道该怎么办，我不想告诉父母，也不愿意惊动舍友。我抓起手机发现我只能和李逾年说，尽管这样的诉说并没有意义。我给他发了条QQ信息：李逾年我喉咙痛到爆炸。

清晨醒来时看到李逾年的消息。他说我带你去××医院吧，前几天去市区的时候特地找了一下它的位置。他的话让我感动。我和他说现在好一点儿了，等到实在觉得不行了再去。

那一天学校早晨安排新生逛校园，下午开新生大会。开大会时我已经疲惫又难受得不行就沉沉睡了过去，醒来时嘴巴特别干，口很渴，可是没有带水。

和李逾年聊天，跟他说我口很渴。他说他有水要不要，我说不用了。我坐在倒一排最右边，李逾年坐在倒二排最左侧，我们几乎是两个极端。我说忍一忍就好了。而且我喝了他就没得喝了。

我关了手机准备再睡下去的时候，左侧的男生轻轻拍了一下我，我睁眼。他手上拿着一瓶水，他说，那边的人传过来给你的。我望向李逾年的方向，他用眼神示意我。

我握着手里的水，又想笑又想哭。

3

英语分班考试前找李逾年借2B铅笔，他说有两支，一支是他高考时用的，一支是在这里买的。虽然他说当然要把那支高考时用的留给自己谁知道学校里卖的是不是真的。但在教室里碰到他的时候他还是把那支高考用的铅笔给了我。

进教室后找到他。他给了我两盒东西还有铅笔和橡皮，我当时脑子短路，也没问是什么就接了过去。考试快结束的时候才看了一下他给我的东西，发现是两盒药。

我真的很感激李逾年。开学这几天有很多事都是他在帮着我。

考试结束之后要把药和铅笔橡皮还给李逾年，但他只收下了铅笔和橡皮然后把药塞进了我的书包里。刚考完试人很多，我因为还东西和室友走散，他在人群里看见一脸呆样的我就走过来问我。得知我找不到室友了他说那你跟我走吧，于是一起走回去。

他一路都在吐槽我的身高和走姿。我走路很奇怪，下脚很重，李逾年很搞笑，说你干吗踩那么重，地板会痛诶。结果说完这句话就模仿我的走路姿势。两个人像企鹅一样一起走完了一整条街……

4

开学时带去的许愿瓶迟迟没有给李逾年和卓七。在快放寒假的时候觉得不能再拖了于是打电话给李逾年让他来拿顺便把卓七的也带走。

下楼天太黑手机又故障，打好几遍电话才碰到面。天气太冷，我们两个没戴手套打电话手就已经冻的红通通了。我手里还提了一袋学姐寄存在我这里的水果，要拿去还给她。

我把许愿瓶给李逾年。李逾年看着两个几乎一模一样的瓶子问我

怎么区分。我说沙子多一点儿的是卓七的。然后他就向我投来了写着
"偏心"的眼神,我哈哈大笑说他当时和我一起来学校的嘛。

我们一起往前走,同路。我的袋子很沉,他主动要帮我提,我说
没关系,但他还是从我手里夺了过去。

一月份的长春真的冷得不行……我出来得匆忙,外套套上但没有
拉拉链,感觉自己都要结冰了。我停下来要把衣服拉链拉起来。

没有想到我的手已经冻到麻木,竟然连平时轻轻松松丝毫不费力
气拉拉链现在都做不到。我挣扎了很久,在一旁的李逾年实在看不下去
了,他放下手中的袋子说我来帮你。

我连忙开口说不用。因为当时我们是在大马路上,来往的行人很
多,又有路灯,而我觉得拉拉链看起来是很暧昧亲密的动作。

李逾年才没有像我想的那么多。他走到我面前弯下腰低下头帮我
拉拉链。我僵硬地站着不动,看着李逾年的脑袋和笨拙的手,眼眶突然
湿润了。

天气太冷,拒绝了李逾年要帮我送到学姐那的好意。

分别前我让他好好珍藏着我送他的这份小礼物。他点头说好。黑
夜之下他的眼睛闪出一点儿亮光,笑起来的样子又傻又认真。

073

5

李逾年不叫李逾年,但是他很喜欢这个名字。我告诉他我也觉得
这个名字很好听。男孩子笑着说我可以把这个名字借你当小说男主角的
名字。

然后我就真的写下了这个故事,不是爱情小说,而是平平淡淡的
我们之间的故事。

这一次,你真的成为李逾年。

周周的日记本,蓝底素花,封存着少女曾经最隐秘的心事。

你的手心也写满秘密吗

等 等

1

"2010年8月10日，或许，在不同的天空下，有一群和我一样的同龄孩子在努力奋斗着，他们挥洒汗水，挥洒青春，他们亦懂得想要得到，必先付出的道理。我一定要努力考一中。"

"2010年12月13日，我想，我只是喜欢那种虚拟的感动而已，并非沉迷。苏辉培，我不可能喜欢你。"

"2010年12月31日，今天，杨老师把贫困生资助的名额给了我，表面上我十分开心，其实内心特别害怕，害怕同学们知道了会怎么看我。"

2

2010年，周周十六岁，初三，时常扎着高高的马尾，戴着紫色框架的眼镜，永远穿着那条黑色运动裤，左右两条粗粗的裤腿在走路时会发出"吱吱吱"的声音，白色的上衣总是出乎意料的大，瘦瘦小小的她被套在里面，显得十分滑稽可笑。

安静如她，心里却有一团火。那时候，贫困的家境像一根沾满泥污的绳子紧紧地勒住她的喉咙，害怕，无所适从，甚至要窒息。而喜欢一个人时自卑就如同身上的痒，浑身难受，却又抓不得，一抓就浑身溃烂。单薄而无奈的青春里，通常情况下她总是坐在课桌上埋头伏笔做题，骨子里倔强想要拼命地在现实生活里留存一丝生机。而这样的她，却意外地得到了班主任杨老师的青睐。

3

记忆中的初三总是汗涔涔的，头顶上的电扇吱吱呀呀地宣告着它的勤奋，日常班会，班主任在讲台上舔着舌头讲着学习的重要性，话毕，又一次表扬了周周的勤奋。她端端正正坐着，用手撑着下巴，思绪却飘到了很远。

"曾经在下课时看到过班主任站在门外偷瞄教室里面的情况，或许就是通过那样的方式，我被认为勤奋。可是大概老师不知道我心里总是很不安，光是勤奋成绩提不上来又有什么用呢？我甚至觉得自己戴着面具，真害怕面具戴久了就取不下来了，我也想出去玩，想像其他同学一样对学习不管不顾，我害怕这样的夸奖，让我难以自拔，最后会不会让他们失望呢？"周周低头，藏住眼里的无助。

旁边的苏辉培用手碰碰她，低声跟她说"老杨很是看重你啊"，脸上却是戏谑的笑。周周作势要打他，刚一转头，苏辉培发现新大陆般地嚷嚷："唉，你脸红了，现在还居然有人会脸红，不就是夸你几句嘛！"少女的心事已经昭然若揭，旁边的少年迟钝般不解，可是周周明白，并非不解，只是少年的心里有了另一个她，就在同一个班，抬头不见低头见的。

初一的时候上计算机课，他们三个人一台电脑，明明是一起认识的苏辉培，为什么就偏偏是另一个她，倘若是别人，大概心里也就不会这么苦涩吧。其实也曾想过争取一下，可是有一天的周末，突然在家旁边看到了苏辉培，他微笑地向她打招呼，周周却局促地落荒而逃，那段时间一直困扰她的问题是："苏辉培有没有看到自家的条件，会不会嘲笑她呢？"后来周周便把这份喜欢默默地放在了心里，一腔热忱全部寄托于日记本。

4

那时候初三体育是要参加考试的，天知道周周最讨厌跑八百米，每次气喘吁吁地被落在最后面，还要接受围观同学们的异样眼神，那样子似乎在说：你看，你就是不行。

那时候的天气总是一天比一天热，而心情也一天比一天烦躁。不知道是什么时候起，再次训练八百米的时候，周周多了一个习惯，她总是会在手心里写下"不做最后一名"的话，像魔咒般，周周真的开始没有跑最后一名，有时候倒数第二，有时候更好。

她一直记得那种感觉，紧紧地握住拳头，指甲长一点儿的时候甚至会戳到手心，跑完后摊开手掌，汗涔涔的手掌让字糊了一片，红红的手心清晰可见苍白指甲印。而她也用这种方法跑完了八百米的考试，成绩还令人满意。

只是，后来，像心理依赖般，又或许是强迫症，从跑步在手心里写字上升到了考试在手心里写字，在每次月考周考时，周周必须在手心里写字，仿佛只有这样才能获得强大的力量。

中考的前两个月，周周已经完全复习蒙了，甚至都不记得要开方。周五全校集中放学，站队的时候班主任跑过来摸摸她的头说："放假回家好好休息，别太累了。"周周心里既感动又内疚，下意识地捏紧拳头。

5

在黑板上倒计时变成零的时候，周周照惯例拿出笔准备在手心里写字，这时候苏辉培夺过她的笔说："每次看你考试都在手心里写字，不知道的还以为你在作弊，这最后一次就让我这个同桌来写吧，考试加油。"

手心里是微微的痒意，还有笔尖接近心脏的感觉。张开手掌看到飞扬的几个英文单词"you are the best"附加一个笑脸，周周在这时湿了眼眶。

藏在手心里得秘密终于有人知晓。

中考几天过得很快，毕业典礼的空隙班主任特意问周周后面那道应用题做出来了没有，周周笑着回答说做出来了，也和他们对了答案，应该是对的。班主任欣慰地点点头说："那就好，一中应该没问题。"

后来总算如愿，考上了一中，在填志愿的时候，苏辉培送了周周一个黑仔玩偶的台灯，那时候，黑仔和安豆好像很流行。

6

高中时，周周和苏辉培依然在同一个学校，只是联系的少，彼此又有了新的同学。但是在学校碰面的时候苏辉培依然会摸摸她的头，亲切得像多年的好友。甚至到大学，周周和苏辉培依然保持联系。

而每年的教师节，周周都会打一个电话给杨老师，那个像父亲般的老师。

2016年，周周大三。周围的同学都说她是个优秀的女孩儿。她开朗大方，待人温柔又真诚，而且成绩优异，关键是她有一种无所畏惧的气质，活得坦然且从容。

这一路漫漫艰难而苦涩的岁月，周周终于蜕变成了更好的自己。

只是周周偶尔怀念，怀念那些老师同学，怀念当初那个倔强不服输的自己，怀念那段藏在手心里的青春。

周周的青春，是一段关于藏在手心里的故事。这个周周可能是我，也可能是你。

那些隐晦艰难的岁月，唯有努力不可辜负，相信时光的力量，终究会让你活得更从容，更有勇气去追求属于自己的幸福，如果你现在也有一段"藏在手心里"的岁月，请不要怕，前路还长，我们会更好。

仍要向往不曾见过的风景啊

海豚同学

我很少再回高中的学校了，尽管梦里常常有人逼着我回到校门口的书店里，让我鬼使神差地买下一叠叠厚厚的试卷闷头回到座位上，有一个声音始终在喊："啊，你来不及了。"

这类梦总是特别逼真，有时醒来已是黄昏，而小城的冬日是很少有黄昏的，昏暗的光线后紧跟着就是漫长的黑暗。有一天，我跟在高中生上晚自习的队伍里，看着他们就像曾经的我一样，握着水杯，拿着饭团儿，夹着笔记本，灰扑扑的，走向一个个亮着灯四四方方的教室。我不太敢去高三教学楼，好像一举一动都会打扰他们漫长的修行，于是就躲在教室外面，也能嗅到一股拼死抵抗的孤勇气味。

一年前，我挺怀念这股气味的。而今天，我想做的只有离开。

高一时候，我一入学就跟班主任说我要读文科，夸夸其谈地讲了好多原因，比如我好喜欢文科呀，比如历史学起来可真有意思，其实真实原因大概就是我学不通也不想学物理。得到班主任默许之后就开始肆意地活着。没事儿刷刷数学题，看看文科，每周也能抽出时间来写小说。可是时间一长，班里的同学开始用看怪物的眼光看我。

原因我知道，大概就是教导主任教的物理，我期中考了十六分。而高中恰巧又是理科为主的学校，教导主任某节课顺口说了几句文科无用论，全班目光纷纷看向我。我一拍桌，"我爸妈都支持我学文你瞎说什么。"然后全班一片寂然。

说起来的确可笑，十五岁的时候，所有的错误指向一个人的原因，竟然是，她和你们不同。

可是我才不管，日复一日地写计划，日复一日地刷数学，日复一日地写小说，还有每周都带着满满期盼写厦门攻略。

不讨喜的滋味在这里都被统统过了一遍，以致后来再难遇到什么能让我动怒和难过到不能自拔的事情都仍淡然接受。

十六岁甚至十七岁的时候，我很少和别人提及这段日子，即使过了一年，以旁观者心态来看，总觉得是一个有点傻的姑娘为了某些理由不想和世界交流转而投进了另一个世界。

而十九岁的我啊，大概能够好好拥抱这个姑娘，说到底，她就是不想随着大流过一眼就能看到底的日子。

自从去年暑假，我很怕回家乡，更害怕和并不熟络的亲戚围起来聚餐，觥筹交错中听着中年妇女面红耳赤指点江山。大概因为体验过一句话被传几次就变得面目全非的滋味所以我极少说话，微笑和低头玩手机占大多数时候。

去年七月，自己把行李从珠海搬来广州，第二天要去香港，留了一天晚上和一个从小相识的哥哥见面，在他公司旁如家住下。他带我吃了茶餐厅，带我逛了逛天河，席间也愉快地跟他分享大学生活趣事，他给我买了些零食，送我回宾馆。一切都让我觉得舒服。一周后回家，我妈的态度让我蒙了，收掉我所有的银行卡和现金，回家第一天就让我好好思过。

我也不懂这是为什么。

事实大概是这样：我跟那个"哥哥"分享过"我爸在银行工作打钱给我比较方便所以生活费爸爸给我"，经过那个哥哥的"表达"，妈妈那就变成"妈妈不给我零花钱"，"哥哥"点了几个茶点笑嘻嘻地说不要浪费噢，我说我尽力，经过阿姨的口就变成了"你女儿在广州好惨哦，得亏我儿子接她吃饭"。

清晰地记得回家后第一天的傍晚，没吃晚餐，也没力气解释，跟我妈吼了两句"你为什么宁愿相信外人的七嘴八舌不相信你女儿"后在飘窗上坐着想啊。

　　大概这个带着下坠气息的小城市里的人啊，以展示自己和自己后辈生活的好为乐，以嬉笑他人的苦悲为趣，甚至不惜编造真相，并且栩栩如生。带着过来人的口吻向你展示你未来应该过上的生活，偏离了轨道就是不务正业。

　　这种乐趣像一个巨大的漩涡，吸引着你去相信他，被吸进去，然后，自己也开始了新一轮的自娱自乐。

　　我偏不。我懒得和漩涡里的人握手言和，也懒得听"女孩子就是要好好考个公务员嫁个好人才是真的"这样的话。塞着耳机大概能够抵抗他们身上沉重的衰老的一眼望得到尽头的气息。

　　我没有否认高中静默努力的日子也没有看不起生我养我的这座城市，我知道我始终要面对的，就是毕业、工作、遇到对的他一起走的未来，可是我想在奔向这段未来的过程里，不要你告诉我我该怎样做，不要你指点江山。即使在这未来到来前，让我多看一眼风景也是好的。

　　记得初中时候，我很迷曾轶可，倒不是因为她辨识度极高的绵羊音，而是因为某天在杂志上随意一瞥看见她说的那句话，"年轻是我们唯一拥有权利去追逐梦想的时光。"即使现在这句话被引用太多遍显得太过矫情，但当我再次写下它时还能隔着屏幕感受到泪光盈盈的感动和一颗不安的心啊。

　　支撑我们活下去的，不就是自由选择生活的权利，不需要再去相信这件事会有惊天动地轰轰烈烈的美好结局，而是你始终对它抱有期望，自愿选择，带着一路赤诚走下去。

　　走下去，不愿你找到光明，只愿你在沿途还能嬉笑怒骂，永远年轻。

与你有关的记忆都是治愈系

皆 兹

在冒着白烟的变态烤翅里，回忆的引子烧得火红乱窜，砰！昨日青春就像垂涎欲滴的烤翅香气，一股脑儿地爆炸了出来，无可抵挡。

这股子香说的就是阿蜜和君。

阿蜜跑遍了小城然后拉着我来到这家门店后，颇为得意地说："你看，好吃管饱。"然后领着我来到伙计面前，大喊来十串烤翅。伙计从烟熏火燎的烤架上抬起头，微微一震，目光落在阿蜜身上，然后迅速地别过去喊同伴拿了两瓶冰水递给客人。

看到伙计的清瘦面容时，恍悟醉翁之意不在酒。

阿蜜勾着刘海儿，拿出手机开始自拍，各种嘟嘴卖萌。我调笑着用手肘蹭了蹭阿蜜问："就单纯为了吃烤翅？"

"是啊，可好吃了。"她美滋滋地啃着手里的食物，表情正经。

阿蜜的言语表情似乎想要表达，她真的忘记他了，那些好，或者不好的渊源。

是另一个伙计给我们递过来烤翅盘子，买单的时候伙计给抹了五块钱零头，热情地说："下次再来，多多照顾。"

我偷偷瞟君，那个在油烟里目光一直以阿蜜为半径辐射的男生，本来娴熟的烤翅技术，在阿蜜起身离开的那一刻，忽然迟钝了许多。

不起眼的五块钱，似乎撇开了过往的全部关联，只剩下顾客和伙计间最普通的人情往来。

于是才有了阿蜜开头那么一句看似直白却意味深长的话。

我和君只能说有片面之交，第一印象，大概就是为了替别的追求者给阿蜜递信追了她二里路时一路狂奔的傻样儿。

君气喘吁吁地把信递给我车座后的阿蜜。然后说："别往心里去，就是一个赌，我有哥们儿跟在我后面看着，姐们儿都给点面子，日后请你们吃烤串。"

冬日呼呼的大风刮在我脸上生疼，我却在寒冷的空气中闻到爆蒜孜然的铁板烧味儿。

真香。

那样的场景我很久都没有忘记，不知道是回忆中的烤翅太可口还是觉得用全力表达感情是件很难得的事。

如果说最初的阿蜜纯粹是为了我的口馋然后才和小混混沈君坐在一张桌子上共食。那么后来，她的生活被沈君的势力渗透后，故事就停了。这是后话。

阿蜜不耐烦的时候会用手一直缠头发打圈圈，而在我心里想着赶紧加快速度争取消灭眼前的美食时——

"要不再来点，我管饱啊？"沈君又神奇地添了一大桌子的食物碟子。

阿蜜会意地笑了："你小子还挺舍得本啊！"然后一改淑女形象和我胡吃海喝起来。

那是我第二次真正意义上和沈君的交流，大概就是知道，他在替死党追阿蜜。

百种桥段，千种心意轮番上演。

相安无事的一学期过去了。沈君却不知不觉在我视线消失了好几个月，阿蜜突然有男朋友了，我很好奇然后问道："那个沈君呢？就是那个——"

阿蜜突然表情冷峻打断，然后很不屑地说："哪个沈君，什么沈什么君？我身边追求者多了去了。我不知道你说哪个。"

哦。我识相地点点头，然后回应道，"我没有说沈君追过你。"

事实上，沈君已经在我的视线里消失很久了，每当我吃不惯难吃的食物时，总能想起沈君的那句，"管饱，随意。"

那时候起我已然认定他是一个很有爱心的好人。这样好人的标签忽然摘掉是因为我和沈君的第三次会面。

他带着一个精致姑娘在烤翅店里豪吃着，就像当初的我们仨一样，空气里弥漫的都是烤翅味和年轻男女们奔放的恋爱心情。

沈君恋爱了，苦心孤诣围着阿蜜转了大半年，眼看着烤翅都快熟了，装盘的时候却"吧唧"摔地上了。

我们失散了。在茫茫人海之中，像所有毫无征兆的相逢一样，别离更无须笔墨。我没有再听过阿蜜说起沈君这个人，此后也没有再感受到任何一个像沈君那般殷切地想要追寻一个人的心思。

大概有我不知道的事儿。

任何感情都适合生长，自然会枯萎或者开出花儿，阿蜜每天领着我去吃各种好吃的，生活优哉。我也更加期待下个转角会遇见的人和事，期待那些藏在生活里的未知惊喜。直到下个转角，是沈君拎着烤串在扎啤凉风的夏夜飘出孜然的香。

我和沈君的最后一次对话。

"你还记得阿蜜吗？"

"她啊？不记得了。"

我们曾经付出过的梦想和追寻，看到的都变成他人日后回忆的篇章末节，看不到的，才是内心的忠贞。

很久以后我在阿蜜手机里看到了一张偷拍照片，是第一次去沈君的烧烤店，表面自拍的阿蜜摄入的影像是沈君。

放没放下，忘没忘记又有什么关系，反正生活已经进行到了这里。

"那你喜欢过吗？"

"喜欢啊——但是她不会知道。"

不朽

　　如今的我，因为他曾说的那句"只有我一个人说话我很会很尴尬"，终于学会了在与人聊天时不再沉默；因为他说过的"你知不知道你有时候有点自私"，终于懂得了在他人需要时毫不犹豫地帮忙；我记住了她说过的"太晚睡对身体不好"，慢慢地试着不再熬夜。他们途经我的青春，最后，又随着青春的远去一道离开。可他们又从未离开，因为他们教会了我爱，带给我成长，这将陪伴我一直走下去，直到不朽。

不　朽

莫小扬

江苏高考的作文题目，有关"青春"和"不朽"。

有朋友说，这是一个很接地气的题目。而我从看到它的第一眼起，就想到了这两年上映的一部部电影。

从《那些年》到《致青春》，再到《小时代》，还有《同桌的你》。

青春确实成了热门的话题。老去的人回味着过往，年轻的人一面回望一面向往。

而当沈佳宜嫁给了别人；当郑微放下了同林静、陈孝正的过往；当南湘远离了顾里、林萧和唐宛如的世界；当林一参加了周小栀的婚礼……到那时，我才终于明白——为什么王菲在《红豆》里唱着：有时候/有时候/我会相信一切有尽头/相聚离开都有时候/没有什么会永垂不朽。

没有什么会永垂不朽，青春更是短暂，来去匆匆。

高三毕业典礼那天，我们在高二楼远望着高三楼的学长学姐穿上黑色的学士服，戴着学士帽，赶往他们高中唯一的一次盛大告别。

有什么会是永久的？曾以为漫长的高中，其实也不过弹指一瞬。

数学课上我有些分心地盯着窗外，因为高三即将要进行"放飞梦想"的仪式，上千只气球一同飞上高空，高一的时候已经见过一回。

可惜的是这次没能见到，也许是因为它们被风吹往了他方。而那些飞向天空各奔东西的气球，也许也象征着每一个毕业了的学子——终将散落天涯。

不由得想起初中时的毕业典礼，那时候的我们在毕业大会上听得心不在焉、吵吵闹闹。我们没有道别，也没有几分伤感，以为总会再见。可事实是，有些人真的就再也没见了，还有一些人，偶尔在QQ上聊天，只剩下一两句寒暄。

原来所谓的不朽啊，在时间和空间面前，脆弱至斯。

学校的中央广场上，毕业生们在自己班级的展板上签名，在同学的衬衣上留言。

没有寂静与悄然，这一场盛会，却已然是别离的笙箫。

一如《致青春》中的郑微、阮莞、老张他们，他们在大学毕业时举杯痛饮，潇洒地吟一句："醉笑陪君三万场，不用诉离殇。"如此豪放不羁，不为离别惆怅。可分别的哀愁终会在日后一点点将其吞没，徒留下无尽遗憾。

天长地久有时尽，此恨绵绵无绝期。

此恨绵绵无绝期啊，青春逝去，这遗憾却成了不朽的存在，毕竟，我们日复一日的怀念和永不停息的追忆怎会轻易淡去呢？一闭上眼，我就能忆起她揉着我的头，笑得温和，说一句"你开心就好了"。忆起他在电话那头宠溺地说："快去上课吧，以后的日子还很长。"忆起我和他们因同一则笑话一起捧腹大笑。韶光已逝，却又不朽，只因它在我们的记忆里，从未老去。

而如今的我，因为他曾说的那句"只有我一个人说话我很会很尴尬"，终于学会了在与人谈天时不再沉默；因为他说过的"你知不知道你有时候有点自私"，终于懂得了在他人需要时毫不犹豫地帮忙；我记住了她说过的"太晚睡对身体不好",慢慢地试着不再熬夜。我听的歌,那年我们都一起唱过。

他们途经我的青春,最后,又随着青春的远去一道离开。可他们又从未离开,因为他们教会了我爱,带给我成长,这将陪伴我一直走下去,直到不朽。

青春会老去,可我们在那段日子里所经历的一切都不会消失,一如辛夷坞所言,"青春终将逝去,却远未逝去,像本读不完的书,一直给你温暖和力量。"

寄往 2007

李阿宅

住在2007年的小女孩儿：

你好啊！

我是十年后的你。

这些年来我很想你，但始终没有回去看你的勇气，甚至连这封我最擅长的书信也删删写写花费了好几天的时间。此刻的你在忙什么呢？做物理作业还是背英语单词？剩下几个月就要升入初三了，一定被作业压迫得焦头烂额吧？昨天晚上家里的灯突然坏掉了，今天又下起了大雪，以至于我没来得及去买灯泡，现在只能靠着一盏小台灯的光亮给你写信。没错，我现在独自在异乡生活，一个人吃饭旅行，走走停停，我知道寄宿在那间八人寝室里的你一定无比向往这种生活。可我想告诉你，这种生活真是糟糕透了，尤其是在胃炎发作，歇斯底里呕吐完躺在床上望着漆黑的天花板的时候。你不用担心，我替你过得还算可以，我可以穿漂亮的裙子，涂各种色号的口红，晚上可以肆无忌惮地抱着手机上网到天亮，也不用担心宿管阿姨来敲门。

我终于长成了你曾经渴望的大人，但很抱歉，我没有替你去谈一场酣畅淋漓的恋爱，也没有成为你想成为的样子，我就这么平庸地替你长大。

亲爱的小姑娘，我曾经以为十年是一段漫长的过程，可走完才发现也不过是弹指一挥间。咱爸咱妈还是那个样，吵吵闹闹又彼此依靠，妈妈不可避免地加入了广场舞天团，得空就跳，连春节都没有落下一天。这些年生活的压力像是一座巨大的岩石沉重地压在他们肩上，于是他们迅速地显露出了老态。什么时候开始意识到他们变老的呢？大概就是他们事事找我商量，在电话推销极力劝说下拎回一堆派不上用场的杂物，并且在我的责备声中变得手足无措。意识到这件事情的时候我难过了很久。爷爷身体依然硬朗，只是奶奶在三年前的春天永远地离去，你明白我说的了吗？其实我想让你好好念书，少看点鸡汤文，世间的许多事错了都可以挽回，但是往往需要付出更多的代价，还不一定能补充完整曾经的缺失。只是你在叛逆期，跟你说这么多，你也不会懂的吧？何况身边的长辈也都这么说，你不也是当成耳边风，呼啸而去。

但是在奶奶这件事情上，我只想让你多去陪陪她，不要留下一辈子难以弥补的遗憾。

还有啊，你不要继续喜欢二班那个体育委员了，即使你坚持了四年，他还是没有喜欢你，甚至给你的青春留下了刻骨铭心的伤害。所以你不要把青春消耗在这件无用的小事情上了，也不要自我怀疑自己是不是不值得被人喜欢，你要多看书，认真学习，在你看到更加开阔的世界后，会遇见更多优秀的人，他们让你高山仰止，而又不妄自菲薄。

我还想告诉你一件事情，大一那年你遇见了一个特别酷的女孩儿，她启动摩托车引擎的声音振聋发聩地在你前半生里响彻。她总是一个人坐在C座教学楼的天台上画画，你要早点遇见她，然后主动走过去告诉她，你想和她做朋友。她为你翻过墙，也为你和体育系的女生打过架，还为你流过眼泪。如果可以，请你一定要告诉她多难过都不要喝酒，特别是在大三那年秋天，无论如何都不要让她沾一点儿酒，或者不要让她喝酒后骑摩托车，否则你将永远失去她。

小姑娘，如果你能耐着性子读到这里，请你不要因为这些事情感觉到沮丧，因为长大就意味着面临更多的生离死别，每个人都是一样的。但长大并不意味着深陷沼泽，这十年你逐渐偏离了你最初设定的人生轨迹，不过，我觉得你应该还算满意吧。我替你看了很多的风景，走了很多的路，做了很多特别酷的事情，结识了很多在人群中闪着光亮的朋友，所以未来的十年不管经历多少的惊喜若狂与万念俱灰，记得，不要放弃！

　　小姑娘，十年后的我没有什么人生良言给你，我不知道考试答案，也不知道彩票中奖号码，更不能带你远走高飞，甚至连鼓励你的语言都变得空洞。但我还是恳请你一定要好好学习，拼了命地学习，不仅仅是为了考试卷上的那点分数，而是为了十年后有资格站在更高的地方更有选择权地支配自己的人生。

　　最后就是请你替我去抱抱我尚未老去的父母，告诉他们未来你过得还不错，拜托啦！

十年后的你

时光的影子是森林，森林的影子是月光

崔 安

这是我五年前就想好的题目，今早翻开从前的旧本子看到了它，歪歪扭扭地写在发黄的纸上，可怜巴巴地看着我。

从前的我就爱买本子，大的小的，素的花的，十分讲究纸质。学校门口的文具店，每天都会光临一次。还有好看的中性笔，一日千张卷的高中，笔芯用得很快，用完的空笔芯我都留着，不知道有什么用，但就是留着，"兴许有用呢。"我这样想，那时我穿着宽大的高中校服，有着无畏的恣意时光。

几年之后的今天，我突然知道它们有什么用了——留着，然后扔掉，免得触景生情，勾出些青春的回忆。

我是轻易不敢触碰回忆的。从小养大的老狗黑子死了，我哭得抹不开眼睛。我自诩是个心肠硬的姑娘了，不怕失望不怕难过，但我就怕"再也不会"，就像再也不会回到千山万水之外的那个亲密故乡。

青春就是我的"再也不会"。我讨厌这种感觉，自己就好像一个背井离乡的流浪汉，彳亍在异地，还时不时地回头遥望故乡的方向。

所以我头也不回地向前走啊，遇见新的人，逃避旧的事。

"你还记得你从前喜欢的男生是什么样子吗？"我问好友。

"高个子小麦皮肤胡子拉碴一双黑色马丁靴，看一眼就想跟他走。"

"你呢？"她问我。

"我早就忘了。"我说。

我不喜欢太露骨的告白，爱情上或是其他感情上。夏目漱石的一句"今晚月色很美"是对"我爱你"的最高赞美，美妙之处在于羞于人说的含蓄。

然而我从前并不这样。那时我疼了就哭，爱了就说，不管前路什么魑魅魍魉，我只求自己开心得没心没肺。

别人跟我提起《谁来告诉我这个夏天的颜色》，提起夏鹦鹉。说实话，时间有些久，我已经记不太清自己写的这个角色了，只记得当时我还小，写文章的时候喜欢吃棒棒糖，然而现在我不吃糖很多年了。

那些年吃着棒棒糖的我，不仅喜欢每晚六点的大风车动画城我还爱看国产电视剧，跟爸妈斗智斗勇偷看电视，自动入戏又纠结剧情。如今我有了大把的时间去刷那些四五十集的电视剧，却没了从前期盼剧情的心情，甚至抱怨一集能讲完的剧情偏要拖三集，于是转去刷快节奏的美剧。表弟也跑来和我一起看美剧，这时我没收了他正吃着的辣条，"小孩子吃这东西不卫生。"

然而他不知道，他的姐姐我，童年是在吃辣条中度过的，那时候我觉得只有感受过那种麻辣交加和畅快淋漓的滋味，在家长们的呵斥中还死抓着辣条不放手的孩子，才是敢于面对未来的勇士……

放了假从大学校园回到家里，早晨跑步，从城南跑到城西，还是那条高中时每天上学的路，十字路口的红灯还是那么久，老大爷卖的地瓜还是那么香。一切照旧，好像我还在读高中，好像我还是十六七岁的少女。

我不再写日记，不再去回忆，不再去用心挑选好看的本子，电视上闪过言情电视剧的镜头也不再停留。

但我好像忘了一件事。

我正在青春着啊，就算走过数个春夏秋冬，就算口味爱好发生改变，然而所经历过的，都是组成我的一部分，都是我。

"你还记得你从前喜欢的男生是什么样子吗？"

——其实我当然记得。

他叫夏鹦鹉，是我最初喜欢的男生。

我从前睡前喝牛奶，现在睡前喝红酒。今晚回忆很美。

摆 渡 人

微我无酒

有关毕业的相册里，我传了很多照片，只是有一张一直在我的手机里，没有给别人看过。那是在同学聚会散场的时候，他拿着我的手机拍的。聚餐结束，酒店里只剩下零零落落的几个人，我在卫生间外等Z一起回家，然后他到了我身旁，一脸不满地问我为什么不去找他拍照。我张了张嘴却不知道怎么回答，毕竟我们的关系，终究和两年前不一样，很多话再也不知道怎么讲，很多事也不可以肆意妄为地做了。而最后，他还是抢过我的手机，摁住我的头和他一起拍了张照片。

照片里的我一脸的无奈和别扭，而他，我看到了他眼里的笑意。

这是我们唯一的合照。

后来回家，他在QQ上问我："你以后不会把我忘记吧？"

我说："当然不会啊。"

现在想想，大概也仅此而已了。

我们熟络起来是在他成为我的后桌以后。那时候高一已经过半，我还喜欢着W，而他也有自己喜欢的人，为了她甚至不惜和别的班的男生杠上，当时闹得轰轰烈烈，全年级都传遍。

那年，我们只是最普通不过的前后桌关系。那是纯洁的时光，没有一点儿杂质。那也是后来的我最怀念的日子——可以肆无忌惮地从他的包里找东西吃，而没有其他情绪引出的顾虑。可以在自习课全班看电影的时候回过头和他下五子棋，因为不喜欢电影里过于血腥的镜头，可以拿那个女生的事来调侃他，也随便他怎么用W的事来和我开玩笑。

后来高一结束高二分班，我选了文科，而他一直在犹豫。现在的我只记得那时候的自己一直在撺掇他选文科，而他最后竟然真的到了文科班，还和我一个班。那年夏天，我写了篇《后桌是一段难忘的青春》，在稿子里，我说他是我的蓝颜，也觉得自己和他会成为永远的朋友，现在，却只剩下苦笑和自嘲。

如果他从来没到文科班，也许我们的关系会一直保持在最初的纯粹。

只是"如果"只能是"如果"，我们都不再是最初的我们。

一个班里从来不缺被调侃的男女生，只是我没想过自己会成为其中一员，对象还是他。那时候，听说他和那个女生已经没了关系，而我也已经和W说过了再也不见。一开始大家都只把那些当作玩笑话，可是很多事情就是在无形之中改变的。

我就这么固执地觉得自己喜欢上了他，更自以为是地以为他也喜欢我——不然他为什么在春游的时候总是给我打电话呢？不然为什么他总是给我带奶茶呢？不然他为什么从来不解释清楚我们的关系呢？

而一句"我以为"总会导致太多不堪。

当我敲下这些文字的时候，我突然开始怀疑——当时我以为自己喜欢上了他，到底是由心而生的喜欢，还是在暧昧和流言蜚语中生出的错觉。

只是弄清这些已经没有意义。

去年夏天，王家卫开始拍一个故事，名字叫作《摆渡人》，是张嘉佳《从你的全世界路过》里的一个故事。情节我已经记不太清，唯独清楚地记得的是那句话：世事如书，我偏爱你这一句，愿做一个逗号，待在你脚边。但你有自己的朗读者，而我只是个摆渡人。

　　曾经，我把这句话当作个签，写进日记，我以为自己可以当一个摆渡人，可终究没有默默守候的勇气。

　　所以我才会逼着他说出了那句"我不喜欢你"，然后走进没有他的生活，笛安说曾经的她相信宁为玉碎不为瓦全，而那时候的我，也坚信着这句话。

　　现在的我会想，一切变成这样，究竟是谁的错，也许，终究没有谁对谁错的道理，只是他有他天生的犹疑不定，而我却有我天生的别扭傲气。

幻想中的少女

卓 马

1

孟小诗是个不合群的人。

嗯，非常的不合群。

别人凑在一起讨论、聊天时，她独自一人坐在自己的位置上托着脑袋盯着窗外的天空看；上体育课时，别人聚在一起玩游戏时，她会独自一人坐在树下的石椅上盯着她面前的树看；别人三五成群地在食堂吃饭时，她独自一人坐在角落里一口一口细嚼慢咽……

她的同学都说孟小诗是个怪胎，其实她只是喜欢一个人待着。

孟小诗在很小的时候还是有许多朋友的，大概是在一年级左右吧。只是——

"小诗啊，你蹲在这里看什么？"

"嘘，你小声点，我听不见蚂蚁在说什么了。"

"小诗，你干吗总盯着窗外看？"

"看！那里有个超人和一个坐着南瓜车的公主。"

……

或许是这种不在同一频率上的交流方式才导致孟小诗身边的朋友

一个一个地减少，到最后只剩下季顾然一个朋友了。

不，季顾然才不是她的朋友呢。因为季顾然总喜欢揪她的头发，把她一头梳得整整齐齐的头发弄得乱七八糟；季顾然一点儿也没有风度，总喜欢用脏兮兮的手去碰她漂亮的裙子，让她的裙子瞬间多出了两个奇丑无比的手印；季顾然一点儿也没有礼貌，总是喜欢叫她大胖子……

好吧好吧，孟小诗是有点胖。那是因为孟小诗的妈妈总说小孩子不能挑食，这样才会长得好看。于是孟小诗开始什么都吃。

不不不，孟小诗并不是长得不好看，相反，她长得很可爱，像那种精致的芭比娃娃一样。

总之，孟小诗非常讨厌季顾然。

可是季顾然却一点儿也没感觉到孟小诗讨厌他。

这不，季顾然凑过来，笑嘻嘻地问道："胖子，放学要不要一起去吃麦当劳啊！？"

"说了不要叫我胖子，你怎么还叫啊！"孟小诗一听到"胖子"两个字就不满地瞪着季顾然。

"你小时候不就是胖子嘛！再说我一时也改不了。"

"那是以前，现在我都瘦了。不准再叫我胖子，听到了没？"

"遵命！那么胖，啊，呸！孟小诗，要不要去吃麦当劳？"

"当然。"

……

2

什么？季顾然才不喜欢孟小诗呢，孟小诗也不喜欢季顾然。那么孟小诗原来的呆萌样呢？哦！忘了说，孟小诗从小只要一遇到季顾然，两人的频率就会连接到一起了。

"季顾然，小怪兽受伤了怎么办啊！"

"没事儿，会有魔女来帮它疗伤的。"

"魔女？是那种弯腰驼背、长着又长又尖的鼻子、笑得很阴险，嗯……脸上皱巴巴的？"

"笨蛋！那是巫婆。"

"哦……"

被凶的孟小诗很委屈地跟在季顾然的身后，认真地思考着魔女到底长什么样。

看吧！季顾然果然很讨厌，说那是巫婆却又不告诉孟小诗魔女到底长什么样子。于是孟小诗一整天都在思考魔女到底长什么样。

"季顾然，季顾然！公主被王子救了下来，可是公主却喜欢上了骑士。"孟小诗急匆匆地跑向季顾然。

"陪伴公主的不一定是王子，有可能是乞丐。"

"季顾然！"

"OK，OK，OK。如果王子真的喜欢公主的话，那么王子就会放手，让公主和骑士在一起。只要公主快乐，那么王子也会快乐的。"

"可是王子要怎么办？"

"王子会遇上灰姑娘，然后他们也相爱了。"

"可是……"

"没什么好可是的。"

季顾然打断了孟小诗的话，指着操场的另一边说："看到那个穿着白色羽绒服的女生了吗？"

孟小诗顺着季顾然所指的方向看了过去，点了点头。

"那是六班的班花，我打算追她。"

"哦……"

"哦？胖子你什么意思？"

"你确定她是你的公主吗？"

"管他呢！"

……

果然，几天后季顾然带着他的女朋友来到了孟小诗的面前，介绍道："胖子，她是我的女朋友，林洁。"

　　孟小诗恶狠狠地瞪了季顾然一眼。

　　被瞪了一眼的季顾然讪讪地摸了摸鼻子，开口打破着尴尬的局面，"胖子，要不要和我们一起看电影？你之前不是吵着要看海绵宝宝的电影吗？"

　　"真的？"孟小诗一听两眼放光，不敢相信地说道。

　　"我什么时候骗过你了？"

　　"从小你就总是喜欢骗我。"

　　"那个……"一直没机会开口的林洁小心翼翼地说，"我不大想看海绵宝宝。"

　　"胖子喜欢海绵宝宝很久了，这次我们就先看这个，下次我们再看别的？"季顾然解释道。

　　"好吧！"

101

3

　　"季顾然，我不喜欢你的女朋友。"

　　"为什么。"

　　"她是个老巫婆，很丑很老的老巫婆。"

　　"你分得清什么是巫婆和魔女了？"季顾然打趣道。

　　"哼！"孟小诗把头转到一边，气鼓鼓地说道，"反正我不喜欢她。"

　　"她怎么就成了老巫婆了呢？"

　　"巫婆变成公主把王子抢走了，真正的公主很伤心。"

　　"那你放心，巫婆已经和王子分手了。"

　　"啊？！"孟小诗惊呼了一声。

　　"王子和巫婆聊天时总是聊不到一块儿。王子聊他的王国，巫婆

不朽

聊她的巫术，所以王子就发现了她不是真正的公主。"

"那就好，巫婆肯定回到森林去了。"

"而且王子还找到了他真正的公主。"

"真的吗？谁啊！"

"我真正的公主此时就站在我的面前。"季顾然牵起孟小诗的手。

一向神经大条的孟小诗在这一刻感觉到头脑里有什么东西一下子噼里啪啦地炸开了。

红晕慢慢地爬上了她的脸颊。

"所以，你愿意做我的公主吗？"

孟小诗红着脸点了点头。

好吧好吧，我也不知道季顾然是什么时候喜欢上的孟小诗，同样我也不知道孟小诗是什么时候喜欢上的季顾然。

这大概就是郎骑竹马来，绕床弄青梅吧。

青春是一场旅行，一幕独角戏

舒 阳

我从高三学期初就开始预谋一场告白，后来正好赶上春艳姐的红人馆，又有围姐一篇城事的图片征集，于是不要脸地敲开男神对话框索要图片，心想到时候一定要给他一个惊喜——大大的惊喜。在红人馆里也为自己的告白留了不小的版面，心想这次可以一举拿下男神了。

然而事情一直都不是按照我想的那样发展。

我按捺着一颗蠢蠢欲动的心，等啊等啊，就这样从四月等到了六月，计划在放假前的最后一天，到男神常去的自习室亲自递送，内附自己满满真心的情书，自己都要被自己感动哭了。

日子如期而至，我本预想的画面是这样的：我冷静沉稳地走到男神面前，拉开他对面的椅子坐下，然后不说话，静静地看着他微笑，直到看得他心里发毛，主动问我怎么了，我再一本正经地拿出早已准备好的小博和情书，若无其事地说："喏，送给你的，我走了。"然后义无反顾地冷冷走掉，心里盘算着高考完回家就能在QQ上看到他的留言，内容大致是"我们在一起"之类的，就这样，我和男神有情人终成眷属。

我预想的自己是果断又冷静的，只是……

到了那一天，我按计划来到了自习室，首先就溜到一个角落挣扎纠结了好久，看着他的背影默默撕叶子，给，不给，给，不给……

终于狠下心破罐子破摔了，起身，一步一步大义凛然看似气势汹汹实则脚步轻得跟鬼魂在飘一样，生怕弄出什么动静让男神察觉到，如果他突然回头，我觉得我的下场就是全身一僵，再跟兔子似的火速逃离现场。

一步两步，我走得视死如归，明明只有十几米的路程，却像永远走不完一样。

终于，我距离男神只剩下几个脚步的距离。我近视，视线模糊，只能看到他低着头在认真刷题，头发毛茸茸的，我想顺毛好久了。手感一定很好啊！

就这样我又静静地发了一会儿呆。

剩下的几步走得异常艰辛，脚跟灌了铅似的，抬不起来。什么预想好的种种画面，什么"妞，给爷笑个，不然爷给你笑个"式的从容调笑，那一刻全部从我的脑海里消失，剩下的只有越来越清晰的扑通扑通的心跳声，一下，两下。

我脚步迈开了，却是扭头往回走，慌忙地逃跑。我想，如果此时他回头的话，一定会看到我狼狈的背影，只是我连回头去看他有没有回头的勇气都没有了。

走出自习室大门的那一刻，有种眼泪要汹涌而出的冲动，心想，真没用啊！后来的发展就平淡无奇了，去了教室，拜托人把东西放在他桌子上，心里的石头总算是放下，至于结果，没想。

而对不起我心急火燎一回家就上QQ的是，没回复，他什么都没说。这几乎让我怀疑他根本就没拿到我给的东西。

喂！就是拒绝你也告诉我一声好吗！这样算什么！

终究敌不过自己内心的煎熬，不要脸地问他，"你有收到我给你的东西吗？"

明明在线，却静静的，静静的。

我终于放弃，嗯，没什么，跳过跳过。

他突然回复，"刚才出去了。嗯，我觉得主编一定是看了我提供的图片才同意发表的。"

自恋狂!

我们都刻意地回避了重点，依旧插科打诨，嘴贱无敌。但我知道告白终究是失败了啊。也没什么，高中生涯就这样结束了，想做的事都做了，也没什么遗憾，挺好的。真的。

105

不
朽

翁翁有一个故事

翁翁不倒

高三那年，学校旁边的文具店里出现了一种十分特别的本子：32开的大小，大约有五六厘米的厚度，黑色的纸张被粗粗的不锈钢圈捆扎着。从封面到封底清一色的漆黑，背面只有由几根白色的竖线和数字组成的条形码。活页圈里夹着一支莹白色的羽毛笔。

因为它的造型和设计都显得太过与众不同，以至于让我觉得十分新奇。后来偶然和朋友谈起这件事的时候，朋友一边无可奈何地笑着，一边告诉我，这个本子真正的意义。

原来那支羽毛笔的笔尖比普通的钢笔尖要锋利许多，正常写字的力道可以在本子上留下凹凸不平的印记，不过写字时不要蘸墨水，晚上将手电的强光映在纸上，就可以清晰地显现出字迹来。黑色反光能力弱，所以在普通灯光或日光下，便不能看清上面的字迹。

每个十七岁女孩儿的心底都住着一个人，他或高或矮，或贫穷或富有，或完美或真实，总之，那个人一定可以满足我们十七岁时所有罗曼蒂克的幻想。所以，我们十七岁时一定有好多想要告诉他、却不想让其他人知道的话语。

高三的日子是很难捱的，朝五晚九的学习生活将我压得抬不起头，除了四五个小时的睡眠时间，每天属于我自己的时光，只剩下在这个本子上涂涂写写的十五分钟。在这段时光里，没有三角函数、平方、向量，没有英语单词、古诗、古文，更没有八荣八耻、经纬度网和大事纪年表……只有一盏台灯、一片静谧和一纸青春。

右手握着没有蘸过一滴墨水的莹白色羽毛笔，如同祈祷般虔诚，一笔一画地在纯黑色的纸上写下我想告诉他的那些事和那份心情。尽管我知道这是无数封永远都不会得到回执的信件，可我仍然每晚对这难得自由的一刻钟乐此不疲。

等到高考不咸不淡地过去后，我将这个写满密密麻麻心事的黑色本子锁在了床头柜最下面的那一格里，然后收拾好行李，乘着火车，顶着初秋九月的金色暖阳，去了家乡的远方，在那里军训，在那里念书，在那里度过未来的春夏秋冬。

大一下学期的时候，同寝室的一个姑娘和相恋三年的男朋友和平分手。只因为他们一个在北京，一个在距离北京一千多公里之外的兰州。那一刻我突然发现，再美好的感情也经不住一千多公里的距离。

我在晾衣服的时候，看到蹲在阳台角落里哭得悄无声息的她，惋惜之余，突然又有那么一丝丝的庆幸。因为我知道在她的生命中，与那个男孩有关的一切怦然心动，都将随着现在的和平分手而变得苍白。年少时最为美好的记忆，再也找不回名为青春的滤镜。而你在我心里，却始终都是年少时最美好的模样。

暑假时，我从种在家门口那棵铁树的花盆里挖出了一枚小钥匙，那是我在高中毕业后亲手埋进去的。那时的我想要将这些记忆永远封存在自己一个人的心里。但现在，年少的回忆即将在我面前铺展。

拿到钥匙后，我打开了床头柜最下面的那一格抽屉，将那个混在唱片CD中闲置了一年时光的黑色本子取了出来。在夜深人静之时，我将本子摊开放在枕头上，左手压着纸页，右手拿着手电，刺眼的白光映在黑纸上，清晰的字迹出现在我的面前。稚嫩的笔触记载着曾经的心路历程，将近四百个日日夜夜过去了，一纸青春，但页页都写满了怦然心动。

暑假结束前，班长组织了一场聚会。包间里一张张熟悉而陌生的面孔让我顿觉时移世易，原来在我们分别之后，各自早已在各自的角落里渐渐长大。茶过三巡，姗姗来迟的你终于出现在了门口。

门口的你与我记忆中穿着校服的你慢慢重叠，最终在你开口赔罪时，年少时的影子便烟消云散。而此时此刻的我，却能露出一个最完美的微笑，对你轻轻地说一句"好久不见"。

就算这场如同漫长旅行一样的暗恋，自始至终只是我一个人的独角戏，可我仍然觉得值得欢呼雀跃。

因为我越来越相信，现在我眼前的一切，都是上苍最好的安排。

做自己喜欢的事情吧

或许，他们只看到了你熬整整一个通宵的黑眼圈，却不知道你傻乎乎地望着自己的成果满足；他们只是看到了你花费的大把大把的时间，却不知道你在一群人中聊到自己的那一份坚持的时候挥斥方遒的气势；他们只能在你背后窃窃私语，那是因为，他们没有勇气像你一样坚持。

就这样，不被人理解地
做自己喜欢的事情吧

画　眠

　　晚上刷朋友圈，看到一条动态，内容是："今天刚刚做好一期节目，还沉浸在满满的成就感的我给一个朋友分享我的喜悦。然后他说，'你的电台有什么用呢？能给你期末加分吗？能帮你拿奖学金吗？能保研吗？'我说，'都不能。但我就喜欢让别人静静地听我说。'"有趣的是，他的那期电台节目名字恰好就叫《你，听好了》。霸道，又有一丝丝不为人理解却依然坚持的倔强。因为我也做电台，花费了不少时间和精力在这上面。很多人对此不理解，他们觉得这种付出不值得，甚至认为这种看起来似乎对自己没有什么好处的行为很可笑。

　　我在学校里也播音。虽然每天广播的时间只有下午一个小时，但每一期节目都是我们精心准备的。有一天我突然接到一位老师的电话，他说，有位同学直接打电话给了校长，投诉学校的广播太吵，影响他学习。校长对于这件事很重视，要求我们尽快处理此事。无奈，我们只好把通向教学楼、图书馆的喇叭全部关掉。可是我知道，图书馆三楼靠窗户的位置是听广播的最好位置。傍晚夕阳的余晖铺满整张桌子，主播温暖的声音从喇叭那一头清晰传过来。如果我在图书馆，一定会坐在那个位置上，暂时放下手中的笔，托着腮听完整场节目。一个小时，说长，也不长，但我们的准备工作却要花费四五个小时，甚至更长。我们的辛苦，在很多人眼里或许只是无聊，只是影响他们生活的杂草，只是一个人，或一群人做着对自己毫无用处的傻瓜付出而已。

但是，这所有的一切都抵不过一句"我就是喜欢"。

也许过几年后，我也会觉得这段时间固执得不可救药，但绝对不会认为荒废了这几年的青春。没有谁真的会过得一帆风顺，没有谁不在崎岖的路上熬过艰难的时光。前方的那一点儿亮光，是在一米之后？还是在一公里之后？还是和自己隔着大半个地球？我也许从来就看不清所谓的未来，也道不明自己对于一些事的执着。可是我依旧在做。因为，我就是喜欢啊。而沿途所坚持的东西，到底会不会给自己的未来带来价值？管它呢。

或许，他们只看到了你熬整整一个通宵的黑眼圈，却不知道你傻乎乎地望着自己的成果满足；他们只是看到了你花费的大把大把的时间，却不知道你在一群人中聊到自己的那一份坚持的时候挥斥方遒的气势；他们只能在你背后窃窃私语，那是因为，他们没有勇气像你一样坚持。

111

我不知道你是否和我一样，倔强地坚持着自己喜欢的东西，却不被人理解。其实无论我们怎么选择，都是我们自己的生活方式。与其想那么多担心以后，还不如好好把握现在。做自己喜欢的，然后好好努力。

水袖袅袅话江南

木各格

说起江南，耳边就隐约传来丝竹不绝如缕的缠绵。

江南多戏，醇美的昆曲、清丽的越剧、铿锵的绍剧、委婉的沪剧……

似乎整个江南就是一个箫笛声声、水袖袅袅的大戏台，吴侬软语在日常生活里如影随形，也在戏台上流连辗转，让初识江南的人有不知身在戏里还是戏外的美妙恍惚。

所以，感受江南，最好坐着小船，慢慢地，绣花似的，穿过水红水绿的宛如藏在水袖里的时光，诗一样的惬意和浪漫。

一路辗转到达昆山千灯古镇的小客栈时，已近黄昏，在前台和老板打了招呼办好入住手续后，我背着包噔噔噔上了二楼找到准备入住的四人间。刚一进门，便觉得眼前一个白影闪过，随后，水袖翻飞间，一个身着戏服的高瘦背影慢慢地转过身，现出一张浓妆艳抹的脸。在四目相对的瞬间，对方冲我扬起了嘴角，那勾魂入魄的眼神和浅淡含蓄的微笑在并不明亮的夕阳下显得特别诡异瞬间就把我给弄懵了。

我勒个娘啊！这难道是遇上了在老宅中居住了千年的女鬼？！

在呆愣的几秒里，正当我准备夺门而出时，"女鬼"突然开口说了句，"你好，是不是吓到你了？对不起啊。"不甚标准的中文发音一下子把我给拉回了现实。我惊魂未定地按下电灯开关，顺便轻轻拍了拍我那备受惊吓的小心脏。

随后一边收拾床铺一边和姑娘闲聊，得知她来自瑞士，大学在杭州交流学习时第一次接触昆曲便被惊艳到了，后来回国毕业工作了仍念念不忘，最后干脆跑到千灯镇这个昆曲发源地来了，已经在这家客栈住了一段时间，我进来的时候她刚好在练习新学的曲段。

老实说，在我接触的外国人中，对中国戏曲最多也不过是好奇，觉得色彩、衣饰、动作等非常特别，但真正感兴趣并且去学习的还真没有。所以从心理上来讲，我觉得等新鲜劲儿过了之后这姑娘估计也就打道回府了，坚持不了多久的。

"我现在已经能唱《游园》了。"姑娘一边整理衣服一边说，眉眼间尽是自豪。

我眉毛一挑，一句唱词几乎是下意识脱口而出，"原来姹紫嫣红开遍……"然后就看到姑娘一脸激动地向我扑过来，嘴里不停念叨着"Oh, you？know？it！"

好吧，其实我只是有段时间心血来潮做了个昆曲的课题所以特意去学了《牡丹亭》，不过最后零零散散只学了个半吊子的《游园》，通常我都不好意思跟人说我学过，怕我们老师丢不起那人。

不过共同兴趣和八卦一样都是能够让两个女生瞬间"如胶似漆"的催化剂，在磕磕碰碰合唱了《游园》曲段后，姑娘和我跨越民族语言年龄的差异，坚定不移地走上了相同的革命道路。所以第二天她说要跟我一起去看戏的时候我毫不犹豫地答应了。

我们去的是一家专门接待游客的古戏台，没有固定的演出时间，通常等游客多了就会开演。古戏台原是大户人家的房子，雕栏画栋气派非常。上了二楼，有个清秀的姑娘给我们验票，随后就可以坐在很考究的古香古色的椅子上等着看戏了。

随着笛声响起，拿着折扇的杜丽娘和拿着团扇的春香就走上了舞台，举手投足间都带着水样的柔情，脸上哀怨的表情更是楚楚动人。

我旁边那姑娘饶有兴趣地看着，时不时赞一句"真美"，兴起时

做自己喜欢的事情吧

还跟着小声哼了起来，俨然一副老戏迷的架势。我不甚乐意地瞟了她一眼，虽然别人听不见，但是我听得见啊，而且我这人向来不喜欢听戏时观众跟着哼哼的，特别是京剧里跟着打节拍的。于是我小声示意她安静点，姑娘很不好意思地住了嘴，端起手边的茶水喝了起来。

一折戏罢，时间尚早，于是我俩便转战去了昆曲祖师爷顾坚的纪念馆。不大的院落，院子里的树遮天蔽日，因而走进去时显得特别阴凉。纪念馆一楼是个小剧场，每天下午演奏江南丝竹，演出时间还没开始，有个阿姨在台上试琴，台下已经坐了许多自带茶水的老爷爷老奶奶。姑娘满脸笑容地跟几个老头老太打着招呼，像当地人似的寒暄着，有个老太太还给她带了两小包茶叶。

"我爱这里。"回到座位后，姑娘递给我块不知从哪儿"顺"来的糖果，如是说。

水袖袅袅，丝竹缕缕，高楼大厦和古建筑相濡以沫，酒吧和茶馆隔墙而居，戏曲和歌剧相敬如宾，如此江南，岂能不爱。

我先不说话，就默默听你吐槽

木各格

最近在教一个美国小伙学中文，互留了手机号码后那哥们儿给我发了条短信，内容大致如下：ni hao，I am Jason，my zhong wen bu shi hen hao，zhi hui shuo and ting，but bu hui du and xie，but wo pinyin very good.

看完我整个人都懵了，简短地回复了他一串拼音后忍不住想来扒一扒那些在旅途中遇到的会说中文的外国人。

印象最深的是有次和某易去爬香山遇到的一个德国小鲜肉。那是极为炎热的一天，某易和我也不知是哪条筋搭错了心血来潮跑香山耍去，晃到半道上时有个穿着条黑色背心身高妥妥一米八以上的健硕外国小伙（毕竟是亲身经历的丢脸事儿，所以记得特别清楚）迎面走了过来，于是某易特猥琐地感叹了句："哎哟，那帅哥身材真好，好想戳一戳他的胸肌啊！"然后我冲她更猥琐地笑了笑，"我觉得这种时候就应该直接推倒，然后来上一句：你就算叫破喉咙也没有人会来救你的。"

说这话的时候小鲜肉正好从身旁经过，于是便见他脚步一顿，朝我俩礼貌地笑了笑，"谢谢！"走了两步之后又停了下来，回过头加了句"破喉咙破喉咙，于是没有人来了。"

当时我俩那个惊吓啊，瞬间一脸见了鬼的表情看着他，心中唯一的想法就是：哎哟我去！普通话字正腔圆也就算了，这家伙竟然连这个梗都知道，成精了吧？！

于是这事儿给我俩"幼小"的心灵留下了难以磨灭的记忆，自那儿之后，某易和我就算是在国外也不敢轻易用中文讨论内心的猥琐想法了，总有一种伤敌一千自损八百的心有余悸之感，万一身边经过的外国人刚好就懂中文呢？那可真是丢脸丢大发了。

不过有些同胞显然还没有受到过这方面的惊吓，所以在遇到外国人时偶尔还是会忍不住用中文吐槽几句。比如说有次在去往上海的飞机上，坐我旁边的是俩妹子，估计是到点后飞机迟迟不起飞有点烦了，就开始讨论起前排座位一个皮肤黝黑的外国人，话题不外乎猜测他是哪个国家以及皮肤为什么那么黑之类的。聊到兴头时声音不自觉就有点大了，然后只见前排那哥们愤愤然转头说道："说嘛呢？就你白！你全家都白！"

于是周围笑倒了一片，俩妹子那叫一个尴尬呀，估计短时间内是忘不了这事儿了。

所以有时候我就忍不住会想，那些会中文的外国人有一部分是不是都练得了一手"扮猪吃老虎"的绝活？这不，在哈尔滨滑雪的时候就让我给遇到了一个。

那天我本着没钱也要穷逛逛的理念进了家滑雪装备店，进门就见一外国人在里面转悠，时不时拿拿这个试试那个，最后指着其中一副滑雪板问道：How much？

小店员估计是太紧张了有点蒙或者英语不大好，在那大眼瞪小眼看了好一会儿愣是没挤出句话来，琢磨了会儿最后掏出手机在上面敲了串数字。于是戏剧性的一幕就发生了，那哥们看了价格后退了一步，甩出句："哎哟我去！咋这么贵呢？！"

那一口地道的京片子瞬间就把人给雷翻了，喂，不带这么玩的呀！

后来吃饭的时候又遇上了，我俩就凑一块儿侃大山，聊着聊着就开始吐槽起HSK（汉语水平考试），然后就顺带说起了他考试前后的状态，那段时间他说话都不利索了，日常用句大概是这样的：这位温柔体贴调皮可爱的阿姨，请以迅雷不及掩耳之速给饥肠辘辘但风流倜傥玉树临风的外国帅哥来一份馅大皮薄的猪肉玉米饺子。

因为尝试出过HSK的四级卷子，所以我完全明白在限定的词汇里出题和答题是怎样的一种体验。我决定现场给他出个网络版"汉语八级"考试题，题目如下：话说，商店里羊毛衫大减价，件件十元！样样十元！全部十元！那么请问，什么十元？A.件件 B.样样 C.全部 D.羊毛衫。

说到B选项的时候那哥们已经hold不住大笑了，一副完全猜到点的模样。后来又出了几题还是没难住他，看来得给他来点博大精深的——文言文。

"逮光武拨乱，留意斯文，而造次喜怒，时或偏滥。诏赐邓禹，称司徒为尧……"

于是那哥们瞬间就蒙了，顿时成就感爆棚啊。

做自己喜欢的事情吧

丢在青春里的手绘鞋

小妖寂寂

　　十五六岁的时候，正是张扬骄傲又敏感爱美的岁月。在美术室学画画的我，总想着方法在校服的衣领、袖口和肩背上，用颜料添上自己喜欢的个性图案。穿上经过了修饰的校服，走到校园里总是能引来很多的惊叹声，口哨声，还有回头率，让我得意得不行。可惜好景不长，我的"反叛"行为很快就被校方"镇压"下来。

　　被迫把所有的校服都换了新的，但暗蓝的校服就是再新也只会裹得我没有一点儿色彩，直到闷闷不乐的我在网上闲逛，邂逅一批手绘帆布鞋的图片。

　　那些有着明快色彩和烂漫图案的鞋子让我欣喜若狂，就像一只被束缚已久的鸟儿，忽然找到了机会撞开笼门，振翅飞向蓝天。我马上入手了几双白布鞋，刚好画室里颜料和工具都是现成的，我一鼓作气把五双白鞋子都给画上了好看的图案，并且分送给几个好朋友。意料之中的，女孩子们捧着我的手绘鞋一个个都爱不释手。得到赞赏的我自此一发不可收拾，我开始带领美术小组的其他成员给学校里各个年级的学生画手绘鞋子。

　　校规说不许在校服上涂鸦，但校规并没有说不许穿有手绘图案的鞋子，于是呼啦啦的就像在校园里刮起了一阵风，我们肆意地用脚下的色彩去点缀青春。

直至后来遇见他。他穿一双没有任何修饰的白布鞋。

我跟在这双白布鞋的后面走完了整整一条校道，在校门口他终于站定并转过身来，用温柔得如同流水一般的声音问我："同学，你有什么事吗？"

我抬起头来，在看到他脸的瞬间忘记了本来想要说的话。我揣着一颗扑通扑通跳得飞快的心落荒而逃了。我想我完了，这才第一眼看到他，就跟第一眼见到手绘布鞋时一样，只看了一下，就要盲了眼，也盲了心，再也分不清东南与西北。

许多年后的今天，我承认，我喜欢过他，是真的喜欢啊。那时候一想到他，心里就开出花来，芬芳四溢的。我偷偷地打听了他的名字班别身高还有喜好，我在人群里张望他跟踪他，校庆晚会时他在操场边上接受学生记者的采访我装作不经意地站在旁边听了一个小时，我还把他说话的声音录下来每天晚上听着入眠……噢，还有他很喜欢的冰冻珍珠奶茶，我喝了一杯又一杯肚子疼了都还在喝。

我知道他是学校纪律主任的儿子，所以从来都不穿鞋面上有个性涂鸦的布鞋。可是我真的希望他也能穿着我手绘的鞋子迎风奔跑。

终于还是没能忍住把他抿着嘴唇眼睛亮闪闪的样子以卡通形象画在白布鞋上。鼓了很大的勇气，才给他发了匿名短信约他晚上男生宿舍楼下见。结果他还没出现我就因为巡楼老师的一声吆喝撒腿就跑，慌乱之中好像还把手里的鞋子胡乱一扔。

丢了写有他名字的手绘鞋后，我固执地认为自己不配再喜欢他。像是惩罚自己，我不再画手绘鞋。就这样，我把自己对手绘鞋以及对他的一腔热忱丢在了十六岁的青春里。我以为就此天涯别过，却没料多年后与他成了好朋友，更没料到当年我在男生宿舍楼下丢失的那双手绘鞋子竟被宿管捡到并转交给了他。

时过而境迁。鞋子依旧，它背后的故事竟阴差阳错地没有机会展开，徒留我满面绯红，思绪万端，追忆似水年华。

有趣的棱角

蒋一初

一次偶然的机会，我认识了阿几。阿几是我的师哥，毕业多年，因为工作的原因，他想在母校找几个年轻人跟他做公众号和网络电台。很巧，他找到了我。

工作量不大，但全部靠灵感支撑，平常所学的专业知识似乎一点儿用都没有。阿几是个说段子的人，而我给他补充弹药，他的文本有一半都是我负责的，所以我要不停地写段子。写段子不要求文笔，不要求中心思想，但要求好笑，有意思。做了这个工作后我才发现，"有趣"原来是个无比艰难的词。

阿几给我的初印象是从微信中得到的，他的每条朋友圈都很有意思，自恋，爱嘲讽，甚至有些狂妄。跟他谈工作的时候，他回复得很快，盯着对话框里不断向上移的汉字，我可以感觉到他思维旋转的速度。阿几话里带刀，几句话下来他总要中伤我几句，说完之后我还觉得真没什么，讲得挺对，还很好笑。

期末考试前一个星期我暂停了工作，专心复习。考完后阿几请我吃饭，他回忆了自己的高考，结局不是他曾经考虑过的，但却是他最满意的。阿几的艺考经历了食物中毒、拒绝校考、跟妈妈吵架，所有不好的因素在最重要的时刻同时迸发出来，但阿几却说很好玩。因为他太优秀了，没有人能够阻止他的决定。我跟阿几说，我要把你的经历写进剧本里参赛。阿几说，我觉得你会得奖的。一时间我不知道该作何反应，他在肯定他自己，但没有排除掉我的能力。自恋，又特别会说话。

阿几不是学霸，读书的时候是老师眼中的刺儿头，跟流氓似的，整天骚扰班上的同学。有什么出风头的事情啊几绝对是第一个上的，但从来没让人失望过。"你讨厌我又干不掉我"，阿几就是那个贱贱的，但实力超群的人。

阿几说："过段时间还有新的平台，你除了段子还会写什么？"

我说："你需要什么？"

阿几一下子笑了，他觉得我很不谦虚，但是转念一想，他更不谦虚。

阿几本来找了好几个人给他写段子，除了我，其他人全都放弃了。做一件事情，要么是发自内心地喜欢，这样不管遇到什么困难都可以扛下去；要么掌握着绝对强硬的专业技能，这样不管怎样都有办法应付。在写段子这件事上，我是前者，所以我留下来了，也更加深入地了解了阿几。他像是一座矿山，越深挖越有意想不到的东西。

前段时间，有人跟我反映公众号的一些问题，我把问题转达给了阿几，阿几不屑。他把那几个问题反问给我，我的答案是没有问题。

阿几说，那就行了，我没办法服务所有人。有意思的东西说给懂其中奥义的人听，剩下那批听不懂的，就自动被筛出去吧。一件事情做到了完美，让所有人都满意，那么这件事情就拿不到满分。

很少有人会觉得所有人都满意是件坏事，但真的做到了才会发现，这件看似满分的事情，它没有特点。就像是一个人过于温顺，你却不会爱他。

阿几从来不要求我什么时候应该工作，他觉得工作所带来的快乐才是最有意义的。如果不能干自己喜欢的事情，那生活还有什么乐趣可言？

尽管我跟阿几熟络了，但他说话还是硬邦邦的，棱角戳人。他跟所有人相处都是这样，但没有人讨厌他，因为他的棱角上沾着糖，被碰到了除了疼一下，还可以尝到甜头。很多人都想做个有意思的人，希望这个有意思不是刻意拉低自己的身份，也不是赔着笑脸讨好，而是不卑不亢，带着棱角，让人心悦诚服。

冬天是一个很贵的季节

衔 猫

Y问我双十二想买什么。

我想把整个世界都搬进衣柜。

实际上，如果这场购物狂欢发生在520或714，我相信自己不会产生如此庞大的购物欲望。

因为冬天一到，寒风一吹，落叶一飘，我们纷纷变成敏感的诗人，不仅觉得冷，还感到一阵阵空虚的痛。打开衣柜，去年的毛衣外套秋裤都跑了调，全是黑白灰的陈词滥调，打了折扣的美丽难免陷入廉价的腔调。

夏天有西瓜和冰淇淋就够了，但冬天绝对是个不便宜的季节。

你很容易找到一件便宜又好看的T恤，但很难找到一件便宜又好看的大衣。冬天昂贵的第一个地方就是，它让我别无选择地放弃了物美价廉的企图。这几天每晚睡觉前我都在淘宝上看一件粉色大衣，原价贵得让我吐血，双十二有很大力度的折扣，依然不便宜。是我的风格，应该穿在我的身上，我需要它。我说服自己保持着渴望。

你以为大衣就够了吗？

护手霜、润唇膏、围巾、长靴或短靴、毛衣、手套、袜子、针织帽、羽绒服。其他护肤品化妆品保养品什么的我就不说了……

对于女生来说，每一个冬天都是我们过的第一个冬天。在此之前我们仿佛从没经历过冬天。

当外面有点冷的时候，热汗从身上褪去，操场上的喧嚣散去，我们不由得开始警惕，不愿意随便迁就，害怕自己呈现一幅灰头土脸的模样。

因此我们需要更多，想要更多。

直到我们被冬天压榨干净，变成一个披金戴银的穷光蛋。

不只是大衣贵靴子贵，冬天让一切都变得更贵。

比如说，起床变得需要更大毅力，洗澡变得需要更多勇气。

比如说，你在街上偶遇一个帅哥并与他一见钟情的概率大大降低，因为天寒地冻你懒得出门。

比如说，你实现瘦成一道闪电的愿望无限延期，因为寒冷让你不再去操场跑步。

比如说，你的许多兴趣爱好都会被埋葬在温暖的被窝里。

总之，冬天让我们变懒，不想动，变得爱吃，还吃很多。一不小心，我们就会变成一头瘫在床上的肥猪。再美的大衣都不能让我们这具沉重的身躯变得轻盈，一头猪的格调任它封顶都飞不起来。

冬天贵在我们的毅力和意志。

最近在看着鲍勃·迪伦的《编年史》，就是今年得诺贝尔文学奖的那个民谣歌手，逝去的乔布斯曾为能泡到他泡过的妞感到骄傲。这本书是他的自传。

故事从他一无所有地来到纽约开始，鲍勃是在冬天来到纽约的。

在这里他有一段描写非常打动我。

"天气冷得厉害，城市的所有主干道都被雪盖着，但我是从严霜的北国出发的，在那个地球的小角落，昏暗的霜冻的树林和冰冻的道路都吓不倒我。我能够超越极限。我不是在寻找金钱或是爱情。我的觉悟很高，一意孤行，不切实际，还抱有空想。我的意志坚强得就像一个夹子，不需要任何保证。在这个冰冷黑暗的大都市里我不认识一个人，但这些都会改变——而且会很快。"

纽约本身就是一座具有冷酷气质的大城市，在那里你冻死在闹市街头也无人知晓。一个一无所有的年轻人，怀着炙热的梦想、幻想、空想来到这座冰冷的城市。只要他没有被冻死，他就值得任何荣誉。

也许，要想成为有点儿了不起的人，写出真正迷人的东西，第一需要具备的品质是不怕冷。

坦然面对自己的失败有多难

海豚同学

一个人坦然面对自己的失败有多难？

前段时间，我去考了一个交换生的语言考试。刚开始动机也无非是可以去台湾吃喝玩乐半年，呼吸呼吸新鲜空气，报名后开始犹豫，但就着"不报名尝试一下还是我吗"这样的心态还是认认真真准备了考试。

的确是认认真真准备的，大约两个星期，好久没碰英语的我也能在刷题和背单词中体会了一把酣畅淋漓的感觉。

考试也考得很开心，医学院地下有点潮湿的阶梯教室，磕磕绊绊的阅读理解，在最终，自己的成绩似乎变成了一个榫头，两周的全力像是把它推向考核的卯，合不合得上那是另外一回事。

但其实在心里都是有底线的。你看，我GPA和综合测评都挺高，只要英语考得不是太难看，总还是能过的吧？啊？

所谓的尽力不全是为了过程，在这里看起来似乎不太纯。但是似乎现在的我们，很难不问结果的。

结果是——落选了。而且恰恰是英语考得极为丢脸。

打电话给我爹，在嘴边的"哎呀，如果去台湾的话以后又要补好多课，我不想延迟毕业呀。"这样的话被咽了下去。我告诉他，"对，我落选了，是因为英语考得很差。我之前认真准备过，考试也没有紧张，没有发挥失常，也没有因为不想去特意考砸，就是考得很差。"把所有的，他安慰我的可能性都给堵了回去。

想起高中考试，狭小的校园里早读下课的校道上，问候的方式似乎就是你这次考试的成绩。吐槽考题和为了证实自己感冒头脑一片空白而特意装出咳嗽的声音充斥在周围。班主任帮你找心态原因，你明明知道这次考试没有紧张没有休息不好却做出夜夜奋战到凌晨睡眠不足的样子。

我们被高高捧起，也很害怕被摔下来。

一次模拟考试，成绩挺好的一姑娘发挥得失常，跟我们聚一块儿吐槽了考题的不严谨，转头后便开始写考试总结。

下晚自习的路上，听到她和她爹聊天，哪有什么发挥失常题目不严谨，那一章节本来学得就不好罢了。

那个时候我就知道了，原来对自己的失败，不仅仅有自我安慰，还有坦然面对。

当然，坦然这词后来我发现，比面对似乎更难做到。

小时候考试考得差被妈妈教训，逼着我找主观原因，年龄太小似乎不懂主观客观的意思，只懂得当我说谁谁谁也考得不好呀，妈妈的脸色便沉了下去。

拉着别人和你一起下水似乎也可以减少一点儿自己的负罪感。慢慢长大后为自己不被摔下来而极力给自己找安慰，到现在，大概终于可以审视自己好好和自己对话了吧。

不是接受了自己的平庸，把自己内心一直坚持的独特推到一边，而是真正看到比你优秀的人，就在那里呀。

做得不好的和想做的还有太多，所以还有更多的空间去呼吸，去长大啊。

生活需要仪式感，
就像平凡的日子需要一束光

亚小诗

大约是从去年的秋天开始，我养成了一个买花的习惯。

我的书桌上，每周都会盛开一束小花，品种不一，芬芳各异。它们陪着我看书写字、吃零食、追剧，相处十分融洽。

有花陪伴的生活，心情也像花儿一样。就像羽微微的诗作《花房姑娘》里写的一样：天堂鸟开了，勿忘我开了，紫色熏衣开了，金色百合开了，美丽的名字都开了，只是不要留意我，我要慢慢想，想好一瓣，才开一瓣。

有时候跟母亲视频，我会给花儿一个镜头，告诉母亲，它的名字以及寓意。母亲是个朴素的人，她见我总是买花，忍不住开导起来："一个人在外打拼，虽说开心很重要，也要适当节约，少买不实用的东西，以后还得养房、养车、养孩子呢……"

我说，几十块钱就能养一束花，而养房、养车、养孩子每个都是以万来计数的，这么一比，花的性价比还蛮高。

其实花很实用啊，你看，当我买回一束新鲜的花朵，就会忍不住把书桌收拾整齐来与之匹配。当书桌是整齐的，也想把家里打扫干净，还会想捯饬捯饬自己。

坚持买花的意义就像，坚持给自己的平凡生活，加一束光。

这或许就是人们常说的仪式感吧。用一些看似无用的事情，来增添生活的光芒。

圣·埃克苏佩的经典书籍《小王子》中有一段经典对话：

小王子问："仪式是什么？"

狐狸说："仪式就是使某一天与其他日子不同，使某一时刻与其他时刻不同。你下午四点钟来，那么从三点钟起，我就开始感到幸福……"

这是童话故事里的仪式感，让抽象的幸福变得清晰，让笨拙的动物有了睿智的情感。

奥黛丽·赫本的经典影片《蒂凡尼的早餐》中，有令人难忘的那一幕：霍莉穿着黑色小礼服，戴着珠宝，踏着城市的晨曦缓缓地走近蒂凡尼的橱窗，在精美的橱窗前，慢慢地将早餐吃完，可颂面包与热咖啡，宛若盛宴。

这是爱情故事里的仪式感，让女主角苍白的生活，映照出光华熠熠的美好向往。

人们常常对仪式感存在误解。认为每年纪念日都互赠礼物的夫妻，活得太客气了；认为每月工资日都要去犒赏味蕾的姑娘，不会过日子；认为每次旅行都要给自己寄一张明信片的小伙子，太矫情……

其实，这些看似不必要的、没有用的事情，恰恰是他们给自己加的那束光，生活的无趣、艰辛和彷徨，都被这束光照亮了。

生活越来越快，许多人都在行色匆匆地追求着高效率的获得。

不要因为自己走得太快，而嘲笑那些散步的人啊，他们在自己的步调里，欣赏着你看不到的风景，沐浴着你触不到暖阳。

生活需要仪式感，就像平凡的日子需要一束光。

你给的很好，却不一定是我想要的

琉 筱

——他那么好，你为什么不要呢？

——因为他给的，不一定是我想要的。

表妹今年上三年级，住的地方离学校三百米左右。阿姨和姨丈很忙，没时间照顾两个女儿，从大女儿出生阿姨就请了保姆在家带孩子。所以从一年级开始，表妹每天早上起来，吃完保姆做的早餐就背起小书包一步一颠地往学校走。

我读小学的时候，家离学校不过一百五十米，妈妈一直坚持每天接送我上下学，直到三年级我才开始尝试在妈妈偶尔来不及接送我的时候自己走去上学。而表妹已经自己走了三年。

且不说那是交通繁忙的地段，就说哪个孩子不希望一放学见到爸爸妈妈或者爷爷奶奶，撒撒娇说说笑？可是表妹走回家，家里只有保姆，还有一个小妹妹。等到阿姨姨丈结束一天的工作回到家，表妹早已进入梦乡。

我记得阿姨提过，表妹胆子小怕蟑螂，每次上下楼遇到楼梯口出现蟑螂，表妹都会吓得大哭，要么等蟑螂爬走她再下楼，要么等邻居出门一起走。每次想起来，我心里都不是滋味。我也胆小，我也怕蟑螂，没搬进电梯房以前住的小区楼道口经常出现蟑螂，那种惧怕没人比我更懂，但是每当这种时候妈妈都会走在我前面，一边恨铁不成钢一边紧紧把我护在身后。可能很多人会问，这有什么？山区的孩子不也打小就学会当家，自己走几小时山路去上学。可问题是表妹不住在山区，以阿姨和姨丈的经济条件，照顾好两个孩子的日常起居绰绰有余，在经济条件允许的情况下，为什么不能陪伴孩子度过这最宝贵的时光呢？

时至今日，我依然感激在我最需要陪伴的时候，爸爸妈妈从未缺席。妈妈更是从哥哥出生开始就辞了工作，全心全意照顾我们。

大人们会说，你们现在还小，不懂得家长的良苦用心，我努力赚钱还不是为了给你们更好的生活？但是，我们要的是物质上的满足吗？在我狭隘的世界观里，小时候我最想要陪伴，长大后我依然认为最重要的是陪伴。

在我需要陪伴的时候你给我金钱，却一厢情愿地认为这是我想要的，对不起，这个锅我不背。

这阵子我追完了一部电视剧叫《遇见王沥川》，讲的是瑞士华裔王沥川来到上海，遇见了女主谢小秋，两人相识、相爱，而后王沥川旧疾复发，不想让小秋知道，于是跟她分手回瑞士治疗，一去就是四年。四年后尚未痊愈的王沥川回到上海，小秋不明白这四年男友为何杳无音讯，相爱的两个人开始互相折磨对方。最后结局以王沥川再次病重，小秋终于释怀并答应他会"move on"结尾。

王沥川认为对小秋最好的爱就是瞒着她不告诉她自己的病情，分手会让小秋真正拥有幸福，可小秋要的爱却是患难与共，所以才会让这对情人从第九集相互折磨到第三十八集。

在我看来，爱是双向的，而对等的关系，应该是同甘共苦不是吗？在对方决定之前你就已经剥夺了他（她）决定的权利，以你认为的对他（她）好的视角出发为他（她）做好了选择，这对双方都不公平。

看剧的时候我总是在想，如果在王沥川知道自己瞒着小秋的结果就是让小秋痛不欲生，而自己也频频陷入进退两难的境地，尝试着说出真相，让小秋自己选择，如果她执意要在一起，那么两人好好珍惜这仅有的时间，这样谁都不会有遗憾吧？只可惜剧情如果这么发展，大概演不过第10集了。

你给我的爱是放手成全，我却更想要肝胆相照。

其实，无论是亲情也好，爱情也好，甚至是友情，最需要的不外乎是沟通，如果多些沟通，投其所好，大概能缓解许多感情危机吧，只可惜生活中的我们往往最缺失与亲近的人的沟通。

真诚地希望有一天，我们给别人的，也能是他们想要的。

做自己喜欢的事情吧

品 尝 夕 阳

亚小诗

　　奶奶掉了一颗门牙，吃晚饭的时候，她喃喃自语道："如果我是一只迷路的骆驼，你们可以通过沿路植物的牙印找到我。"

　　我笑了笑，无厘头地问道："为什么刚好是骆驼？不是马和羊什么的？"

　　"老版的中学英语教材里有这样一只骆驼，你爸那一辈儿都学过。"她酷酷地回答我，一副"年轻人你没见过什么世面啊"的气势。

　　奶奶是一名退休多年的人民教师，今年已经虚岁七十五了。可能是长期教授英语的缘故吧，她比同龄的老人们时尚前卫不少，有事微信联系，没事赞赞子孙的朋友圈，热门剧集她都已在平板电脑上追完，影视熟脸也能叫出一堆姓名。

　　奶奶爱玩点十字绣，她可不绣什么"富贵花开""年年有鱼"，要绣就绣世界名画。梵·高的《星空》她已经绣了一年了，接近完工，这是她预先给我准备的嫁妆，是的，她可爱的孙女，还在上大学的八字没一撇的我的嫁妆，她担心真正到了我出嫁的那一天，她想绣点什么也绣不动了。

　　奶奶十七岁那年，经人介绍认识了爷爷，爷爷对奶奶一见钟情，头一回去奶奶家，就厚脸皮地主动留下来吃饭。那天中午家人刚好不在，奶奶是家中的小女儿，从没做过饭，她说"我不会做饭，"想借此打发爷爷走。爷爷继续厚着脸皮，"你随便弄点，你做啥我都吃。"

于是，奶奶拿前一天的剩饭给爷爷做了个酱油炒饭，炒煳了，又黑又硬，像一团锅巴，爷爷还是傻呵呵地吃了个精光，奶奶笑了，他们的事也就这样成了。

奶奶嫁进门后，仍旧不会做饭，不是懒，而是厨艺不错的爷爷把做饭的事全给揽下来了。奶奶专心当她的人民教师，穿着红裙子，梳着大辫子，在本子上抄歌词，教爷爷听不懂的"洋鬼子"语言，两手不沾阳春水，像一个未婚少女。

现在七十多岁的奶奶，写得一手秀气字，绣得一手漂亮花，唯独不会做饭。对于一个优秀的文艺老太太来说，这似乎有点美中不足，但一个女人，能够一辈子都保持不会做饭，该是多么让人羡慕的福气啊。

奶奶虽然不会做饭，但"种菜"是个好手，为什么此处要打引号？因为奶奶的菜不种在菜地里，而是种在自家楼下的草丛里。

我们小区的绿化带，被奶奶偷偷种了各种草药和配菜，麦冬、薄荷、紫苏、浮以……要炖汤和炒菜的时候就去拔几棵，新鲜又美味。奶奶选择种植的，都是小小一棵的植物，乍看不容易发觉，看见了也只觉得是野草。小区喷除草剂的园丁师傅从来不喷奶奶的"小菜园"，因为奶奶经常"贿赂"他，在他劳作的时候，送去人性的关怀，有时候是一块冰西瓜，有时候是一杯凉茶。作为回报，园丁师傅就睁一只眼闭一只眼啦。

在我奶奶教书的那个年代，教育是比现在更能改变人的一生的，小县城的学生们，因为英语差考不上好的学校，奶奶义务给差生补课，留他们在家住，在家吃饭，甚至留家远的学生在家过年。有的家庭认为读书不如打工赚钱实在，让孩子辍学，奶奶独自徒步十几里山路去劝说，很多学生都因奶奶的热心和执着改变了人生命运。在我生长的那个小县城里，奶奶是非常受人尊敬的。

虽然退休了，街坊邻里们还是称呼奶奶为老师，一位优秀的人民教师的晚年生活是怎样的呢？是满天下桃李的果实回报啊。

今天过年时，1988届的毕业生们来家中看望奶奶，学生们都已是大叔大妈的年纪，一位胖伯伯攥着奶奶的手说："老师，还记得我吗？我是劳动委员啊！"我被这句话萌住了。师生一阵怀旧后，学生们纷纷掏出新年红包塞给奶奶。那个画面很有趣，奶奶坐在沙发上，一个个中年学生像排队般有秩序地递钱给她，奶奶看起来，可真像一个公园门口收门票的老太太。

奶奶于我而言，是女神般的存在，她会让我想到另一个女神——林青霞，今年六十一岁的林青霞，没有跟其他同龄的一些女神一样"冰冻年龄"或者"逆生长"，我们都能看出来，她老了，她是真的变老了，又老得那样自然那样优雅。

近期，林青霞在某个节目中出场时，主持人说道："感觉一个时代朝我们走过来了。"是啊，她的美，是能代表一个时代的，她年华正好时，向我们诠释了少女的美、熟女的美，她年华迟暮后，依旧诠释着老年女人最美好的样子。每个人都会变老啊，跟掩盖老态相比，笑着接受才算赢吧。

人们爱把人的一生比喻成太阳东升西落的过程，年轻的我还朝气蓬勃地活在上午，我的奶奶已经身材佝偻地步入了夕阳。

夜晚来临前的时光，奶奶一点儿也不悲伤，她在享受着变老的过程，她把夕阳拌进了柴米油盐，用掉了门牙的嘴，细细品尝。

卖菜女孩儿

　　她会想些什么呢？当她坐在那把陈旧的木椅子上，一次又一次拉开破旧的抽屉的时候，偏过头看到有和她年纪相仿的女孩儿背着崭新的书包，戴着耳机走过，她会想些什么？当她低下头默数着钞票的时候，耳畔听到有孩子甚至分不清芹菜和香菜，她会想些什么？当她在夜幕低垂的时候锁上铺子的门，下到地下室，却在抬头间看到高耸整齐的红色楼房，她又会想些什么？

　　大抵是我永远都想不到的东西吧。

卖菜女孩儿

刘雨辰

第一次见到她的时候，我以为她定已过了二十。后来才知道她竟只比我大一岁，还是学生，在一所不太有名的学校上学。家里还有个弟弟，今年刚上小学。她是小区卖菜人的女儿。不记得这家人是从什么时候开始在小区门口搭起店铺的，只是自打我记事起，吃的菜啊水果啊，都是买自他们家。

我虽没有和她说过话，每天放学回家路过他们那店铺的时候，却总能看得见她。她生得并不漂亮，肤色偏黑，脸有些圆，小眼塌鼻，和她母亲有几分相像，属于那种过目便忘的普通人。坐在一把木椅子上，面无表情地接过一个又一个袋子，熟稔地往秤上一放，按键，报数，接钱，数钱，找钱。电子秤下的抽屉是那种木制的，很有些年岁。她每猛地拉开一次将钱丢进去，那抽屉就吱吱呀呀地响一次，像一个苟延残喘的老人，陪伴在这个寂寞却又正值如花年纪女孩的身旁。日复一日，月复一月，年复一年。

那是我永远都想象不出来的生活。

有一次——甚是难得的一次，我去他们家买菜。刚放学，还背着书包，耳朵里塞着耳机。在踌躇了很久才终于辨认出哪个是芹菜后，走到她的面前，将袋子递到她的手上。无意间低下头，却一下子愣住——

该让我用什么样的语言形容眼前的这双手？如果你和我说，这双手来自一位中年妇女，我会信；但如果你和我说，这双手来自这样一位十几岁的年轻少女，若非亲眼见到，我怎么都不会相信。那双手上面布满老茧，还有裂开的口子，粗糙得好像一块干瘪的枯木树皮。我看着那双手片刻不停地接钱，数钱，找钱，心里是说不出的滋味。耳畔的音乐声逐渐模糊。我打量着她的脸，依旧冷冰冰的，面无表情。是真的面无表情，不见半分笑颜。

想来，好像真的从来没有见过她的笑颜。也是，她不是那些名家散文里所歌颂的女孩，可以做到在清苦的环境中，在繁重的工作中，依然笑靥如花、热情似火。她只是一个普通得不能再普通的女孩，和你一样，和我一样。却在本应将青春挥洒在阳光下的年纪，坐在这间狭小逼仄的小屋子里，日日和菜叶为伴，枯燥且乏味。

如果换作是我，恐怕连一两天都很难挨，何况是几年。

也曾从邻居间的家长里短中得知些她们家的事：比如她们家住在我们楼的地下室里，黯然狭窄的地方，终日无光；比如她父母都来自乡下；比如她母亲，那个操着一口浓重乡音的女人，都曾对别人承认过，他们家一向传统，重男轻女。

她会想些什么呢？当她坐在那把陈旧的木椅子上，一次又一次拉开破旧的抽屉的时候，偏过头看到有和她年纪相仿的女孩背着崭新的书包，戴着耳机走过，她会想些什么？当她低下头默数着钞票的时候，耳畔听到有孩子甚至分不清芹菜和香菜，她会想些什么？当她在夜幕低垂的时候锁上铺子的门，下到地下室，却在抬头间看到高耸整齐的红色楼房，她又会想些什么？

大抵是我永远都想不到的东西吧。

撩开帘子，走了几步后，我回过头，看到她清冷的侧影被落日的余晖浸没，灿烂的金橙色染上她的肩头，她的脸颊，似乎亦染上了一抹温和的浅浅笑意。

少女心，告诉你一个秘密

路小远

去服装店买衣服，碰上一对母女。母亲穿得时髦大方，妆容也精致，浑身上下都透着一股精神劲儿。倒是那个女孩儿，给人一种老气的感觉：牛仔裤是好些年前的款式，外套被洗得发白变了形，穿在她身上宽宽大大的，把她姣好的身材遮挡得一无是处。

那位母亲一进店就开始不停地给女孩儿选衣服。她拿了一件又一件，女孩儿站在那里不为所动。待母亲让她去试衣间试穿的时候，她的嘴撅得厉害，"这些衣服我怎么能穿？"她指着其中一件白衬衣，"你看，这衣服多透啊，我不要！"母亲极有耐心地哄着她说："乖，听妈妈的，保证你一下子变得美美的。"小女孩儿还是一脸的不高兴，"我还小啊，十七岁能穿这些衣服吗？"那位母亲瞪了她一眼，然后把她推进了试衣间，"没有什么年龄比十七岁更美了，这些衣服你不穿，以后再也别想穿了。"

试好衣服出来后，小女孩儿就像变了个人似的，很惊艳的感觉。售货员说，这才是一个十七岁少女该有的样子。小女孩儿对着店里的镜子不停地照，一边照一边紧捂着胸口，然后把她妈妈拉到一边悄悄地说："你不觉得胸口太透了吗？都能看出来内衣的轮廓了。我不喜欢。"

相比那位十七岁的少女，她母亲看起来更加"少女"一点儿。说实话，我很少看到那个年纪的女人还能那样打扮，对美的事物抱有一种完全欣赏的状态。她看起来也活力满满的，对每一件新事物都充满了好奇心和新鲜感，那些颜色斑斓的衣服即使一点都不适合她，她也要往身上比画一下。

小女孩儿最后一件衣服也没买就走了，临走时，跟她妈妈说："我不喜欢这样的衣服，我喜欢我们校服那样宽松随意的。"

曾在书店遇到过一位六十多岁的阿姨，她一进门就问老板："匪我思存是不是出了新书？你给我拿一本。"那时由匪我思存的同名小说改编的电视剧《千山暮雪》正在热播，大家都爱买她的书看，但这么大年纪还追言情小说的还真是少见。

阿姨看我也买了几本匪我思存的书，就跟我聊了起来："姑娘，你也喜欢看她的小说吗？"

我礼貌地笑笑回她："别人介绍我看的，不知道好不好看。"

她听了我的话，笑得眼睛都快眯住了，"给你介绍的这个人还真是蛮有眼光的。"她扶着眼镜看了一眼我挑的那几本，一本正经地说，"这几本，我都看过了，我最喜欢看的就是《裂锦》，真是太虐了，我看的时候被虐得肝儿疼，眼泪都流了好多呢！"

我惊讶得下巴都快掉下来了，之前以为她只是赶潮流买着玩玩，或是给家里的孩子买来看的。

阿姨见我惊讶，瞬间变得羞涩起来，"小姑娘，是不是觉得我是个老妖婆啊，一把年纪了还这么不正经，追你们年轻人爱看的东西？"

我有些惶恐地跟她解释，没有歧视她的意思。

那天下午，我和阿姨在书店里聊了很久，话题差不多都是这些年流行的言情小说和网络小说。

她还真是个挺时尚的老太太，告诉我说匪我思存的书哪一本最好看，哪一本的结局是喜剧，哪一本最赚她的眼泪。讲起最喜欢的男主角时，竟羞得捂起嘴偷偷地笑了起来，表情与一个十七岁的少女讲起暗恋的少年时无异。

临分别之际，她还向我要了QQ号和微信号，说以后还可以在网上聊聊读书心得。

后来我加了她的QQ。她的空间整个儿一青春小女孩儿的模样，满满的粉色，她会时不时地发布一下生活状态，一点都感觉不出来她已经六十岁了。她时常抱着一本小说去星巴克坐一坐，约几个姐妹喝喝下午茶，看一下年轻人爱看的爱情电影，家里种满了各种各样的花草。喜欢的花开得正盛时，她也会剪几朵下来戴到头上玩自拍。生活过得有滋有味。

一直觉得少女心是个很奇怪也很复杂的东西，它好像跟年龄密不可分，又好像跟年龄没有关系。拥有一颗少女心，青春就像永远不会过期似的，不管之前经历过什么黑暗和挫折，看到喜欢的事物时，还是会变得好欢喜，永远不可能被打倒的样子；笑起来的时候能甜到人心里去，哭起来的时候也会毫不顾及形象；不会因为受了一次打击就变得冷酷、圆滑、有城府，还是会因为生活里发生的一点一滴的小事就热泪盈眶；喜欢一件衣服的时候，即使不再适合自己，还是会觉得美美的，想象着如果穿在身上，一定会美到跟仙女没差别；喜欢一本小说时，恨不得要把它介绍给全世界的人看，然后同她们一起分享心得。那种感觉，就像是十几岁的时候突然有了暗恋的对象，但是因为害羞不敢去表白，只能说给闺密听。闺密们会帮着出主意，没事的时候几个人也会抱着脑袋讨论他，收集他哪怕是小到不能再小的消息。虽然可能不会有什么结果，但以后多少年再想起这件事，还是会有甜到嗓子眼里的感觉……

这是少女心告诉你的秘密。

愿你无论经历多少世事磨难，都能保有十七岁时对生活的那股热情劲儿；愿你无论到了哪一个年龄段，都能永驻少女心，都能向往一切美好浪漫的事物。

我和我的玫瑰花

晗　微

1

晚上起来散步的时候，被门口的男生吓了一跳。

他站在院子篱笆外，蹲下来用手拨弄我种在门口的玫瑰花，然后他抬起头来，对我微微一笑。

我呆住了，看他不像有恶意的样子，走过去打量他。他真白啊，手上的血管似乎都能看见。月光柔柔地照亮院子，照亮他。我看他仍在用手拨弄玫瑰花，开口了："你喜欢这个花？"

他抬头："嗯。"说着用手拂过花瓣，"在我原来的家里，也有好多玫瑰花。她们都很可爱，总是在我不开心的时候安慰我，还给我唱歌。"

"唱歌？"

"嗯。"

我摇摇头，真是怪人。

我重新打量他，他的衣服很宽，很像袍子，帽子也很大，戴在他的头上，盖住了大半个头，他居然没有穿鞋子。我也学他的样子蹲下来："你是谁？"

他拢了拢衣服："我叫梁梁。"说着站起身来，他的个子很高，我不得不吃力地仰着头和他说话："你可不可以把头低下来一点呀，你太高啦，和你说话好费力。"

"好。"他乖巧地重新蹲下来，帽子随着他的动作盖住了大半张脸，我伸手帮他摘下帽子："戴帽子干吗呀，都看不清你长……"看见他头上的耳朵后，我把没说出的"什么样子"生生地咽了下去。他急忙捂住耳朵，我愣愣地拨开他的手，揉揉他耳朵："这是什么耳朵啊？"

"它是狐狸耳朵……诶，你别揉它啦！"

我把给这个叫梁梁的男孩带入房间，给他倒了杯水，在他面前坐下："说吧，你是什么人。"

他低下头去喝水，咂咂嘴，不紧不慢地开口："我是来自那边的。"他指了指郊区的方向，"那儿有一片好大的森林，我们那儿挺暗的，又湿又危险，所以人们一般不去。我们那儿的动物都是我这个样子，有什么事情需要出森林的话，就会派几个瘦小的出来。"

"瘦小的？"我有些不解。

"嗯。瘦小的不容易被发现。"

"哦。这样啊。"

2

梁梁的故事有点悲伤。

梁梁的爸爸妈妈在他小的时候就失踪了——说是失踪了，其实是病逝，但是梁梁相信，爸爸妈妈只是暂时离开自己，他们还会回来的。

梁梁在正值青春期的时候喜欢上了一个女孩子，是一个人类女孩子。剪着短短的齐耳发，笑起来很爽朗，梁梁在偶尔一次出森林的时候遇到了她。当时她在挽着袖子提水，水桶左右晃悠着，水不安分地溅出来。

梁梁从没见过这么可爱的女孩子，梁梁的姐姐们都长着一双狐狸眼，很妩媚。这个女孩子与他见过的女孩子都不同。梁梁一直看着她，女孩儿回过头来，看见梁梁，惊讶了一下，对他笑："你是附近哪个村子里的呀？我怎么没见过你，你叫什么名字？"

"我叫梁梁，从……附近的村子里来。"梁梁头一次撒谎，他的耳朵藏在帽子里微微地发抖。

"我叫春晴，'春天'的'春'，'晴天'的'晴'。"

从那以后，梁梁总是偷偷溜出来找春晴。春晴坐在门口，老远的看见梁梁来就对他招手，喊"梁梁你来啦"。春晴笑起来脸上皱皱的，只见一口大白牙。

梁梁没有告诉别人关于春晴的故事，他知道他的同类一定会说，那么不修边幅、大大咧咧的女孩子，一点儿也不可爱。但是梁梁觉得春晴很可爱，她碎碎的短发，她的白牙，她的不安分，都是与别人不相同的，没有人能像她一样。

梁梁想，自己是喜欢上春晴了。

梁梁没有告诉春晴其实自己是小狐狸，他怕春晴会因此害怕他，不理他。下暴雨，雨水涨到小腿上，他没有害怕；一个人走夜路，他没有害怕；隔壁家的小俭患病死掉的时候他没有害怕。可是他却如此害怕会失去春晴。

梁梁问春晴："我要是离开了，你会想我吗？"

"胡说什么啊，我肯定会去找你的啊！"春晴拍拍他的脑袋。

这就够了，我不必拥有更多了。梁梁想。

但梁梁没有离开，春晴却离开了。梁梁站在空无一人的春晴家，有些慌乱。他翻找留下来的家具，只找到了春晴留下来的一条红手绳。他呆呆地坐在门槛上，院子里的水洼泛着光，阳光投到水洼上，反射得他目眩。

他跳起来，跑回了森林，开始收拾东西。

他要去找春晴。

3

"那你找到她了吗？"我打破了沉默。

"没有。"梁梁摇摇头，看着杯子出神，他的手上戴着春晴的手绳，红色已经变淡，带着年久的颜色。

我也沉默下来。

"不如我帮你找吧。"五分钟后，我打破了沉默。

梁梁睁大了眼睛看着我："可以吗？"他的脸上带着稚气，以及坚定。

我点头："当然可以。"

第二天，我在电脑上查找有关"春晴"的网页，出来的却都是一些无关紧要的东西，我皱皱眉，在微博上试了试，搜索结果出来二十多个春晴。我叫来梁梁一一排除，剩下四个可能是春晴的女生。她们和春晴一样大，但是微博上没有放自己的照片，我们的寻找又多了些难度。我一个个地关注，查看她们的所在地，有两个是本市的，我拿上手机和包包："走吧，去找她们。"

第一个女生，我们在她签到的地方见到了她，梁梁一看，摇了摇头："不是。"

第二个，第三个……

事实证明，春晴只是她们的网名，不是真名字。在邻城见了最后一个女生后，我们疲惫得不想再走路。女生看了看我们，走了回来犹豫着开口："我在你主页看到了你的照片，你是昨天关注我的女生吧？你们今天偷偷跟在我后面，是来找我的吗？"

那天，我们在她家里待了一晚上，我告诉了她我们找她的原因，但是我选择性地跳过了一些内容，我没有告诉她梁梁的身份。

"说起来，我真的认识一个女生叫春晴，她是我姐姐的同学。"这个叫细细的女生眯起眼沉思着，"不过我不知道是不是你们要找的人，听起来挺像的，因为太喜欢她的性格，我还把微博昵称改成了她的名字。"

梁梁睁大了眼睛："那她现在在哪儿？"因为太激动他站起来的时候还打翻了水杯。

细细吓了一跳："我给我姐姐打电话问问她的地址吧。"

我们第二天睁着一双遍布血丝的眼睛去了火车站，在买票的时候，梁梁回过头来说："我自己去吧，这些天麻烦了你很多，剩下的路让我自己去吧。你回去好好休息，打扰了你这么久，谢谢你对我这么好。"

我点点头："路上小心。后会有期。"

我目送他离开，然后也搭上了回家的车。

4

不久之后，我又遇到了之前与梁梁相遇的相同情况。有一天，我碰到了一个女生，她站在我家门口，怯怯地问我："我可以进来吗？"

我侧身，示意她进来。她瘦弱得仿佛一碰就会倒。

我们坐下，我说："梁梁已经走了。"

她有双漂亮的丹凤眼，却没有一丝妩媚。她的脸颊上有两颗小小的泪痣，现在这双漂亮的眼睛的主人正愣着发呆，她垂着眼："我还是来晚了啊。"顿了顿，她说，"我叫阿蓓。"

我小心翼翼地开口："能和我说说你的故事吗？"

在梁梁一个人走夜路时，阿蓓跟在他后面，紧张地看着路；在小俭死掉的时候，梁梁难过地别过脸时，她在人群中注视着他；在梁梁偷偷地跑出森林去见春晴时，阿蓓在长辈们身边帮他圆谎。

于是在梁梁走了之后，她循着他的气味，来到了这里。

"你让我想起一个故事，"我说，"是一本童话，叫《小王子》。"

我起身去书柜拿书，眼角瞥过空缺的地方。那天，梁梁向我要走了一本书，叫《我也曾为你翻山越岭》。我拿出《小王子》，在阿蓓面前坐下："我给你讲讲吧。"

我给阿蓓念完的时候，天已经微微亮了。

"我是那只小狐狸，梁梁是小王子，春晴是玫瑰。对吧？"阿蓓红了眼眶，"说到底我还是和那些女生一样啊，所以梁梁看不到我，他只要他的玫瑰花。"

"不。"我摇头，"虽然如此，你要知道，你与其他人都不一样，每个人都是独一无二的，你很单纯，很可爱。"

阿蓓没有待多久就重新出发了，她要跟着梁梁的脚步，去寻找他。我把《小王子》送给了她，给了她一个拥抱："假如你回来了，一定要来找我，好吗？我想和你做好朋友。"

"嗯。"阿蓓拼命点头。

我不知道后来梁梁有没有找到春晴，阿蓓有没有找到梁梁。但是我在半夜起来喝水时，总是会习惯性地看一眼窗外院子口，我在等他们回来。

我想起来，在阿蓓走之前，我问她："即使梁梁选择了春晴，你也喜欢他吗？"

她点点头："嗯，还是喜欢。"

她坚定的神态，我一辈子都不会忘记。

在青旅捡了个男朋友

昊夕

1

我和耀爷是我去青旅当义工时候认识的。很多人都很好奇，你们明明都在南昌上大学，有好好的宿舍不住，为什么要去住青旅？他不为艳遇，我不为堕落，纯粹都是为了一种不同的体验。

耀爷是国防生，每天定时定点的作息时间，高强度的体能训练，使他的生活规律如钟表。2015年的端午节，他只为了能多睡会儿觉，便去了美祥好青年旅舍。

我第一次住青旅，是在五一的时候，虽然只是短短一夜，但我对它印象很好，说真心话，我觉得它像我在南昌的一个家。

2015年6月20号的早晨，天气很好，我转了两趟车便从学校去了美祥好。老板大康让我拿吸尘器先吸一吸地板。以为家里只剩我和老板，于是我拎起吸尘器就去了男生房间。

刚把一个双层床的床底吸干净，一回头发现下铺床上坐着一个人，他就是耀爷。被吓到的我顺了顺气，匆忙中瞅了他一眼，他像一块大冰块坐在那里，表情严肃，使整个房间气压瞬间降低了很多。

我匆匆打扫完，拎着吸尘器出来，那一刻心情是低落的，甚至后悔了跑来做义工的草率决定。

　　幸好老板的弟弟及时回来，手里拎着一大袋粽子，耀爷从房间里出来，我、耀爷和小康在客厅吃粽子，才了解到：耀爷也是山东人，也是读大二，也在南昌上学。老乡相遇，瞬间就拉近了距离，对他的印象也好了很多。

　　下午，是青旅里最空闲的时间，卫生都在中午打扫完了，也没有新的住客前来，我打开电脑看电影，闻声从房间出来的耀爷，也一并坐在我身边，那天的电影是《迷雾》。

　　我和耀爷合坐一条木椅，大康的狗毛毛顺势跳进我怀里，两人一狗，整个家里只回荡着电影台词的声音。毛毛跳上跳下，爪子在我的胳膊上挠出了一道红印，耀爷打了毛毛的狗头一下，用手擦了下我胳膊上的红痕说："没事。"

　　那晚来了许多人，二十几个人把小青旅撑得满满的。有背包客，有学生族，夜晚大家坐在客厅里看电影，我躺在沙发上睡着了，毛毛把我舔醒的时候，有几个人在笑我，第一天就这样相安无事地过去了。

2

　　青旅义工要负责：吸地板、整理床铺、倒垃圾。

　　老板要负责义工的吃和住。

　　第二天中午，大康打游戏打得火热，我坐在高脚椅上肚子饿得咕咕叫。老板懒、义工饿的场面正僵持着，大康就收到了一条微信，"店里有没吃饭的吗？我在楼下63号小馆。"是耀爷发来的。

　　"你快去蹭饭去，楼下63号小馆。"我还没说完我不认识他，就被大康丢出了门外，伞没带，地址没听清，手里只有大康发来的一个手机号码。

　　"喂，你好，我是那个蹭饭的……你在哪？"

　　根据耀爷在电话里的指路，拐了一个路口，就看到了在饭店门口等我的他。

那顿饭后，外面还在下着淅淅沥沥的小雨。两个人一把伞，我说我想吃周黑鸭，他便撑着伞陪我去了。跟着百度地图走了半个小时，地图上显示已经到达目的地，而我们放眼望去，四周空旷得没有人烟，更别谈店面了。

已经走了半个小时，不差半个小时了，我们便去了万达。他似乎没有给女生打伞的经验，伞尖一个劲儿地钩我的头发，要不是人家请我吃了一顿饭，我肯定会说："大哥，麻烦你把伞举高点儿。"

中午1点出的门，下午四点我们才到家，大康已经在家里饿昏过去了。就着半碗米饭，吃着我们打包回来的东西，大康非说我俩去约会了。

三天的假期，一眨眼便结束了，身为国防生的耀爷提前回了学校，在一来一往的短信里，我们互加了微信好友。

3

没想到，半个月以后，我们便见了第二面。

总觉得欠耀爷一顿饭，让我有些过意不去。7月4日，恰好是停课复习时候，耀爷5号要下乡，4号晚上住在大康那，他见我没课，便怂恿我也去。

好感大概是这一次产生的，但感觉只是一瞬间的事，哪能在一掠过便抓住。

从上次蹭饭时始，他便发现我是个路痴。吃完晚饭，夜色渐渐暗了，我提了周黑鸭，他抱着一颗大西瓜，故意和我说："你带路吧。"我哪认识，随便往一个方向走去，他笑着喊住我。

"我就是不认路，别让我指路！"

"好好好，我们以后不指了。"

回到家，恰逢一个湖南男生在邀请大家试辣，我撕了一小块，咬了一下就辣到跳脚。把剩下的一块递给耀爷，霸道地说："你把它吃掉。"他居然乖乖地吃了，这时候我才想起来，他也不能吃辣。

4

第三次见面，是五天以后。

我是9号的火车，他是10号。他问清了出发时间，说要来车站送我。

"好啊，你来吧。"这个时候，我并没有当真，只当他说了一句玩笑话。

结果，离检票还有十五分钟，他真的跑来了车站。第一次有别人跑来火车站送别，有种说不出来的感觉。一种很微妙的气氛，两个人无话可说，幼稚地比着谁回家的火车票更贵。

两个月以后，我们俩便在一起了。

5

从始至终，没有热恋，但一直都是这样互相依靠。

从南昌到九江到武汉到烟台到南京再到青岛，从南到北，从城市到海边，就这样走到了现在。

待你归来再许我一场流浪好不好

三八四十一

亲爱的十一，好久不见。

恍然从梦中惊醒，我发现我已许久寻不到你的踪迹。一年？两年？或是更久。窗外是王安忆笔下的"秋冬阴霾连日"，果真是"重重地压着你的心"，铅色的云像一团湿毛巾被随意地堆在低沉的天幕下，沉甸甸的，却怎么也再拧不出雨来。

我不知道你现在在哪里，大概是在哪个烟雨迷蒙的江浙小镇，一个很慢很慢的地方，连水也是安静地淌，只有在乌篷船划过时才有一丝动静，那一圈圈荡开的涟漪，温柔得像你曾爱慕过的那个少年笑容漾开时嘴角的梨涡。

你就站在那湿滑的青石板上，背着大大的画板，画板上被你贴满了Guns'N Roses和AC/DC的贴纸，与这小镇的温软气质如此格格不入。你太年少，太张扬，又太嚣张，连氤氲着水汽的风拂过你时都躁动了许多，拨乱了你半长的发。你倒也不甚在意，随意地用手将散落在眼前的发往后拨，便张开夹在腋下的马扎子，打开画板开始作画。

你爱冲、爱撞、爱闯，哪里都想去，什么都想尝试一下，但你手中的笔却不一样。它缱绻磨蹭着粗糙的纸面，一道道灰白的痕迹流畅而舒缓地构筑出这青瓦白墙的框架。然后你借了身边的河水润湿笔尖和颜料，又将纸张浸润，淡墨一点，舒展开来就是这条安静的河。

151

其实我觉得你骨子里还是个安静的人。虽然你平时咋呼又狂躁，喜欢看那些震耳欲聋的、为爆米花而生的电影，耳机里冲出的总是摇滚乐队的嘶吼，但你总是一个人，即使是在一片喧闹里，你的眼神也是漠然。

你曾问我为什么人与人之间的交往会这么累？为什么会有这么多强颜欢笑和虚与委蛇？

我答不上来。

于是你又说，愚蠢的群居动物。

你选择退开一步，做这场烟火的旁观者。你说你更想去乌镇看水，去龙泉学铸剑，去苏州学木雕；你说你想去西藏，去云南，去佛罗伦萨去梵蒂冈；你说你想去巴黎住一年，逛遍四大美术馆，看清每一幅画和每一座雕塑。你喜欢那些承载着历史的地方和厚重的艺术，那种时间沉淀下来的重量让你感到踏实，它们不吵不闹，沉默地看着每一个路过的旅人，在时光的刻痕面前，所有虚伪和假象都是无力的，你就是享受这样的真实。

当时你就这么交叠着双手把下巴枕在手背上，眼里闪着灼灼的光彩。你说："我们去艺考吧？去考央美，然后到处旅行，走到哪里画到哪里，我们去流浪，像三毛一样，做一名拾荒者。"

我停下手中的笔，陷入沉默。

你大概是不知道的。艺考于我的压力更甚于高考，它承载的不只是未来，还有我的梦，还有他人的期许，以及其他物质上的负担。如果我失败了，那么我的所谓梦想和他们的希冀都会如齑粉般湮灭。这是一场更大的赌博，我没有去赌的资本，更没有去赌的勇气。

这条路通往的未来没有形状，让我没有安全感。

你却觉得这样的未来是风的形状，你可以随意拿捏，乘着它去你想去的全世界。

你浪漫而文艺，十足的理想主义者，相比之下我却现实得如此卑劣。

最后我说："现实一点儿吧小姐，不是每一个文艺青年都能成为三毛。"

一句话犹如天堑，隔绝开你我两种人生。

从此以后你的世界是笔墨丹青铺就的山河湖海，而我在这高墙内，桌上堆高的卷子跟我的世界一样灰白。

后来我很少去想起你，只是在群里看到当年志同道合的朋友们讨论着要去国美、去广美、去浙大美术系时，心里是深深的落寞和遗憾，如果我当初听你的话跟你一起走，如果我当时勇敢一点儿，如果我不要有那么多的顾虑，如果……但是哪有那么多如果，有些路没有勇气去闯，人生就少了许多可能性。

偶尔我会梦到你，梦见你背着那个浮夸的画板，孑然向我走来，一身风尘，带着江南的水汽，西北的沙土，也许还有卡布奇诺的甜香。你看着我，不说话，只是笑。

你在想什么呢？

那样向往"天地一沙鸥"的悠远辽阔的你，享受着"独钓寒江雪"的寂寞冷清的你，拥有"等闲挥袂客天涯"的洒脱气度的你，如今见了这样的我，受困于这一小方天地中，庸碌地兜转在书山题海之间，疲于虚伪地迎合应承，为了平庸的成绩而哭泣，依旧对未来充满迷茫，你在想什么呢？

你大概觉得我很可悲，越是长大，越是成了当初自己最不喜欢的模样，变成你最不喜欢的大人。你看，我背弃了梦想，得到的似乎也没有更多。

但是，每次我从有你的梦中醒来，胸腔中总有什么在不安的躁动，似乎远方有什么在呼唤它，是那江南的吴侬软语？还是罗马教堂中唱诗班的吟唱？或者只是你，亲爱的十一，我年少的梦，我达不到的未来，我曾经的自己。

　　我越来越向往你反复提起的远方的田野，向往去触碰时间的痕迹，向往曾经让我不安的漂泊不定的生活。我想爬上那雪原的高处，吸一口带着雪的气味的冰凉空气，那大概就是你所说的自由的味道。

　　待到夏花盛开，一切又回到最初的原点，我捡起画笔，带上背囊，倚在窗边等你归来，等你再许我一场流浪好不好？

　　亲爱的十一，好久不见，我好想你。

154

等风来，等风也等你

亦青舒

你在等一场风。

以沉默姿态，坚强意志，从容步伐。

你一个人。

十七岁的尾巴上，我们约好去看海。要穿最漂亮的波西米亚长裙子，手腕上戴好松松挽几圈的红豆手链，茂密长发好似海藻一般深邃，海风吹来时露齿微笑。一切在臆想之中显得如此美好。我以为我们很快就要告别高三逼仄狭窄的教室，告别没日没夜的习题，告别令我头疼的圆锥曲线，然后在年满十八的那个夏天，奔赴一场年少的约定。

你是这些年里，一直陪伴在我身边的少女。从叛逆期起，到之后日渐妥协生活的后青春期。我们一起做过好多奇葩的事情。夏日夜空操场下，分享一罐冒着白沫的青啤，我们坐在尚有夕阳的余温的石阶上，絮絮地说着除了彼此可能再也没有人能懂的心情。周末在你家里，摊开大本的少女杂志，我们一起趴在床上各看各的，偶尔说话，但大部分时间只有墙上挂钟安静的嘀嗒声，窗台上种着一盆小小文竹，微风吹过的时候它轻轻摇摆。

在你身边度过的安静时光，总是能让岁月都变得温柔。

我们总是形影不离，好似一对双生花一般并蒂而绽。

直到那个夏天将我们分开。

你高考失利。消息传来的时候我握着听筒的手都发颤。电话里你没有多说，但我感觉得到你的语气里充满沮丧。我怔怔地站在楼梯间，听你在那边沉默好久，我们俩都没有说话。大概我的惊愕和你的失落都需要一段长长的沉默来努力消化。

"打算怎么办呢？"我喃喃地问，像是在问你，又像在问自己。

"可能，"你顿一顿，我知道你下了好大的决心，"再来一年吧。"

"想好了吗。"我抬头看见六月末的阳光刺眼得厉害，隐隐已有泪意。

"顾影……我们不能去看海了。"我几乎能想象你在电话那端充满愧疚的样子。

我伸手挂掉了电话，蹲在石阶上大声哭出来。

那个夏天的八月你早早回到了学校，在间歇交替的高温和暴雨里，夏天被含混不清地推进。早上六点起床，洗漱叠被，整理书包，你收拾前一晚散落桌面的草稿纸和习题册，微微失神，又很快恢复镇定。

你依旧在校门口那家小店吃一碗牛肉面，不加辣，少放葱花，浇头有鲜亮颜色，端上来的时候热气腾腾。你一个人坐在窗边，戴着耳麦一边听着英语听力一边吃面，手上戴着的那只腕表提醒你还有多少分秒。

班级里的同学都是陌生面孔，复读班里的人各自有各自的故事。那些故事有的痛苦沉重，比如说后桌那个第二年复读的女孩子，每次考砸都要哭掉整整一个晚自习；有的却也嬉皮轻松，你身边坐着一个吊儿郎当的男孩子，每次数学课都盖着白色试卷蒙头大睡，被叫醒的时候永远不知今夕何夕。

你不知道你自己属于哪一类——到底是负着血海深仇来卧薪尝胆

的苦情夫差，还是回来和高考再续前缘的潇洒浪子。

高四的种种苦楚，都像炼狱。漫天漫地的试卷，一月半日的假期，一天十个小时都在学校的作息表里被排得严丝合缝。国庆假期放了三天假，你写完作业后昏天暗地睡了整整十二个小时，自然醒的那一刻感觉到"彻骨的幸福感"。

你在信里对我说，不知道未来有多少无限可能，但是眼前只有这一条路可以走。你什么也不想多想，只想尽力做好自己该做的事情，然后静静地，等风来。

而我便在你说的那些无限可能里挣扎浮沉——初入大学，像得了遨游四海的邀请。我忙着进学生会，参加各种有趣社团，夜晚和学长学姐们去汉口聚餐——在巴士上看长江大桥下面白茫茫的芦苇荡，宛如鹅毛大雪覆江面，有千年之前的苍茫古意。

我认识很多新的朋友，听他们讲各自的故事。有同学没有参加高考，通过自招保送赢得八个月假期，游遍大半个中国；有学长在大三就拿到全球排行第四的会计师事务所的实习生offer；也有学姐温柔又美貌，去英国剑桥交换一年，言谈举止落落大方。我仿佛来到群星璀璨的银河系，自己变成了一颗小小的黯淡星星。

在失落和欣喜交杂的夜晚里，我低头拆信，读你信里背水一战的决绝和勇气，也知道字里行间有多少隐约的期待和盼望。我也咬着笔头给你回复长长的信，挑了大学里那些新鲜明亮的刺激，隐去我的失落和焦虑。

我没告诉你，虽然参加诸多社团活动的确新鲜有趣，但是我也常常忙得焦头烂额；虽然大学里的课表空空荡荡，但是专业课的难度和要求也水涨船高；虽然我认识很多新的朋友，听闻很多趣事，可是他们没有一个能像你。

谁也不像你，陪伴我度过漫长的少年时光——陪我翘课，一起听歌，相约上课与放学，在夕阳的余晖里肩并肩亲密地走，嬉闹追打着，去校门口点一碗热气腾腾的牛肉面。

武汉的深冬非常冷，我穿着厚厚的外套，戴着你送我的巧克力色手套，深深地吸了一口清冷的空气，看着呼气在夜色里变成茫茫的雾气。大概高三已经一模了吧，我算着已经几个星期没有收到你的来信。电话里妈妈说她在街上遇见你，你瘦了很多，电话尾声她叮嘱我，少打搅你，让你一心一意地埋头，熬过这一年。

于是我把我的长信改成了一张一张明信片，印满我们学校的樱花和秋枫，明亮风景盖上珞珈山的邮戳。

我知道你在等风来，而我在等你。

我特别想念你。

2015年的那个夏天我们终于重逢。挤在我窄窄的房间里，头顶上的白色吊扇吱吱呀呀地转，时光凝固，宛如一枚柔软果冻。我摊开填志愿的参考资料，帮你看天南地北的落脚地。你托着腮，再没有半点忧愁。

高四的苦楚就好像一枚青绿色橄榄，你吞咽下去，没有多余的抱怨。一路诸多风雨走来，可你的笑容，像是从没被雨打湿过。

"你想去哪儿啊？"我用笔杆敲打太阳穴，北京太干，广州太热，川西太远，江浙沪作为淘宝包邮区倒是很好，就是分数虚高太多，竞争太凶狠。

"想去看海。"你眯起眼睛很猖狂地笑，"第一志愿反正可以乱填，来，把厦大写上。"

我想起我当年因为分数尴尬，纠结许久，到底没敢在志愿表上填这个心心念念的名字，最后结果出来心痛很久。可是当时你比我难过，我什么也没对你说过。

你看着怔怔的我，塞给我一只黑笔："喏，就当我送你一只时光机吧。"

"虽然也不能改变什么。"你认真地看着我，"但是我很后悔的，当年我应该陪着你填志愿的，而不是因为自己考砸了就躲起来舔伤口。你那一年考得那么好，我特别骄傲，真的。"

"这个第一志愿让你写吧，就当……"你伸手摸了摸我的头，"一点点补偿。"

我红着眼睛看着你。

"快填啊，填完了我们去看海呢，学姐——"你拖长了声音喊。

可我的眼泪扑落落就掉下来。

我知道，十七岁一起等的那场大风，终于吹满山谷。

愿你走出半生，归来仍是少年

邵格格

　　青春是一件略带讽刺的事情。所有人都想听完美的结局，却并非每个人都得到想要的答案。于是那些完美的，变成了故事，那些不完美的，成了心事。我为你开始过许多并未开始的故事，也为你写下过难以言说的心事。如今我提起你，像一本陈年的旧账，没有强烈的笑容与眼泪，仿佛只剩下很淡很淡的感情，和一场无疾而终的告别。

1

　　"第一次见你的时候你坐在我前桌，当时我就觉得你长得特别像《柯南》里的工藤新一。"高二上学期这个工藤新一坐我的同桌，我立刻忍不住把这句憋了一年的话告诉他。

　　"是嘛？我也觉得你长得像动漫里的一个人。"

　　说的我怦然心动，暗想动漫里的可都是肤白貌美大长腿的美少女，"水冰月？"

　　"蜡笔小新他妈。"

　　嘉尔不算特别风云的人物，不过是班里很活跃的组织委员，然而却是我上高中记住的第一个人。因为他叫嘉尔，很有诗意的重名。

　　嘉尔不是理科班那种典型学生，英语好得令人咂舌，数理化竟差得一塌糊涂。我猜这是老师将我们调到一起的原因——当然也不排除按颜值匹配的可能。刚坐同桌时是有过互补的尝试的，比如我问他如何学英语，可他只是笔杆敲着桌子傲娇地教训我："你把计算什么天体质量电场力研究细胞膜的时间抽出五分之一来学英语，行不行呢？"而当他举着化学卷惨兮兮地叫苦时，我毫不留情在一旁挖苦："你快去做篇阅读理解冷静冷静。"

　　一周之后，干脆达成了默契：不用交换想法，直接交换作业。带来的好处就是效率大大增加。

　　出于对这个名字的偏爱，我原本对嘉尔是有点美好想象的，后来才发现他既没有工藤新一的理智也没有王嘉尔的风度，完全是理科男中的一朵奇葩。

　　"喂，学生会下了通知，说不许在桌面放零食，一会儿早检时要扣分的。"看着他面前一片狼藉的包装袋，身为生活委员的本少女操着亲妈的心。

　　谁知他一甩头丝毫没有改变的意思："我有办法对付。"

　　于是就在那个阳光明媚的早上，我静静地听他跟生活部学姐顶嘴："这个不能收起来，它跟书本一样，早就变成了我的精神食粮。"

　　我花了半年时间才磨合好的最严格学姐，他凭借加厚耐磨的脸皮只用一个早上就搞定了。

161

卖菜女孩儿

3

"每一个英语好的男生，内心都有变态的倾向。"看着嘉尔手里那张国家一等奖的英语竞赛证书，我心里满满的不服气。

"咦，"他很鄙夷地啧啧摇头，"每一个像你一样发疯似的爱理化的女生，内心肯定是个汉子。"

他一定没看出我聪明灵秀的外表下被校服囚禁的灵魂，"你什么时候见我像个汉子？"

"嗯，高一报到那天看见你左手拎皮箱，右手拎牛奶箱，扛着刚发的被褥还能健步如飞的时候。"阳光下看得见他睫毛忽闪忽闪的，一脸狡诈的笑容。

"……难道我就没有柔弱的一面？"

"呃，你走不动了把牛奶箱放下坐在皮箱上休息的时候。"

我一颗浪漫的少女心支离破碎，于是恼羞成怒翻了个白眼："你闭嘴，我不想跟只有一个阑尾的人说话。"

4

嘉尔的阑尾炎一直是我用来跟他互呛的话题。想当初他做完手术刚回校那一周，受到的可是本少女全天候奢华照顾。

"哎呦我刀口没好呢，腰疼，你去食堂帮我买桶泡面吧。"我颠颠儿地去给他买泡面。

"哎，今天我想吃那个菠萝包。"我颠颠儿去给他挤小卖铺排队买菠萝包。

嘉尔天天跟个大爷似的被侍候着，直到有一天班主任经过时，幽幽对他道："你怎么像人家养的小宠物似的。"

就这一句话的魔力奇迹出现了，嘉尔立刻腰不酸腿不疼连踢球都不碍事了。"我要挽回作为一个男人的尊严。"

这种硬逞能的结果就是这位体弱多病的美少年又患上感冒需要打吊瓶了。"你真是长着贾宝玉的脸，有着林黛玉的命。"

"喂，你这样说良心不会痛吗？我挂着吊瓶坚持学习，你还嘲笑我，你身为女同学本能的母性呢？"

当时我正兴致勃勃地摆弄他的吊瓶，很不相信眼前这位眉飞色舞表情丰富的少年竟然是个病号。

"你确定吊瓶挂这么低没问题？"他的吊瓶很随性地半倚在窗台上。凭我的理科直觉，这不科学。

他被灯光晃得浅浅的眸色里闪出自鸣得意的亮光，"既不阻碍我行动，又不阻挡我目光——多完美的位置。"

然而就在二十分钟后的英语课上，他像只受惊的大耗子突然吱呀叫起来抓着我的胳膊猛摇："你看你看我的血流回去了，怎么办啊！"

与不明所以的英语老师对视零点一秒后，我腾地站起来举高了他的吊瓶，心里还纳闷这英雄救美的情节好像有点反串啊？！"高了，它能给你输液，低了，你就是在给它献血——早就说挂这么低不行，压强你懂不懂？"

5

嘉尔绝对是补刀小能手。那天早上我发现自己的双眼皮似乎成了"三眼皮"，很兴奋地转过脸问他："是不是显得眼睛更大更有神？能不能形容一下现在是什么样的？"

他舔舔嘴唇，咬着笔认真思虑了很久："你，见过卷帘门吗——就那样。"

这种逗趣的性格真是浪费了嘉尔的名字和这张工藤新一的脸，然而偏偏这三者结合在一起，让嘉尔一度陷入女同学的包围，以至于被迫挤到一边的我每次回归原位后都忍不住挖苦一番。

"最近犯了桃花运吧？桃花可以凑一副扑克牌了。"

他竟然认真数了一会："还没，似乎是差一个。"

天知道当时我在想什么！只记得无意识地一边做卷子一边脱口而出："那我就勉为其难也充个数吧。"

"NO，NO，NO，你不是桃花，是王炸！"

这种补刀让我差点决定单方面友尽。

就在同一天下午嘉尔被班主任罚写了一千遍自己的名字，只因为他懒到练习册都没有署名。

"来来来，帮忙写百八十个，人多力量大嘛不是。"他给周围每一个人，包括我，分发了一张精致的白纸，外带一副人畜无害的笑容。

我总算见识到了什么叫道高一尺魔高一丈。

那是我第一次认认真真写一个人的名字，像写下什么秘密的心事。边写边想，这么好听的名字，他自己不写真是一大损失。

嘉尔、嘉尔……

164

边写边默念，脑海里浮现出的男神面孔后来却渐渐成了嘉尔那张常常带笑的脸庞，莫名其妙滋生出一份无处安放的感情。

嘉尔、嘉尔……

你看我这么认真写你的名字，会不会有一点儿喜欢我。一边写着，一边还自恋地想我这么聪明美丽又善良的女孩子他没有理由不喜欢，然而又边写边想到他被很多人喜欢着。突然觉得自己真是有病，写个名字为什么这么滥情。

"哎，你以后想考哪里啊？"嘉尔突然从旁边冒出一句，笔尖一抖，才发现他正懒散地趴在桌上看我写的字，一副漠不关心的样子。

"我想去上海。"犹豫了许久，最终觉得对他没什么好保留的。

"啊，我也特喜欢上海，一直想去的。"

所以呢？我没有再问。

6

学业水平测试很顺利地结束了。我们一班同学坐在返校的车里，看着窗外飞过的鸟儿都觉得带着善意。

"哎，嘉尔，咱跟老师商量商量晚上看电影吧，难得休息。"

"来不及啦！我一会回学校收拾收拾东西就要走喽。"

我坐在前排，他坐在后排，这句话却好像穿过一切介质屏蔽了一切磁场，远远从天边传来，清楚地听到了。心里一震，连呼吸都冷了下来。

"啊？"

"去哪啊？"

"干吗去啊？"

……

七嘴八舌中，我听见他说已经报考了托福，自信准能过了，要去澳大利亚。我听见有人大声笑骂着抗议他套路太深藏了这么久。我听见他同样大笑着向他们解释的声音。

你很低调啊，一声不响猝不及防突然就要走了。

我不敢回头，怕击碎了在那一瞬间以前的全部幻想。

其实第一次与你对视的时候，就看出你眼里有很多向往，盛得下星辰和大海，于是也就早该明白，你规划的未来里，再也不会有我出现的情景。

那个当初说喜欢上海的男生啊，原来并不想去上海。

7

总觉得没有结束，可就这样一边恋恋不舍着，一边草草结束了。

我继续过再平常不过的日子，偶尔在微信上与他聊些无关紧要的事情。明明不过认识两年而已，却像是多年不见相去甚远的旧日朋友，寒暄中带着客气又怀念的许多鸡毛蒜皮的回忆。

很不甘心仅仅用朋友这个词，但我想我们在那个散漫的年纪远远谈不上爱情，甚至不敢明说是一种喜欢。

我原本很想让你知道，有个女孩儿也曾经很喜欢你，而且她其实还挺优秀的，而你也曾一度在潜意识里成为让她优秀的理由。

可是你仓促到没有给我将这些话告诉你的时间，让我本来有千万种可能说出的话就此成为烂熟于心的秘密，只来得及默默向你的方向望去，目光越过迢迢山水，然后暗暗挥手：少年，一路平安。

我不需要你提醒我善良

叶 七

我有一个熟人，她发朋友圈的内容常常是这样的：快过年了，大家放鞭炮要记得自己打扫哦，环卫工人好辛苦的，配图是环卫老大爷举牌子苦哈哈的照片；大家叫外卖的时候多点耐心少点儿抱怨哦，雪天路滑大家都不容易，配图是外卖小哥摔倒的照片；双十一到了，大家对快递小哥好点哦，配图是快递车翻车的照片……

不发朋友圈的时候，又会转发一些诸如"善良，就是后路"的鸡汤文，要么就是转发"修鞋的老夫妻""卖烤红薯的老奶奶"之类的求转发接力的"爱心传递"。

我不知道你看到这些是什么反应，反正我把她屏蔽了。因为她转发这些让我觉得自己像在被小学德育老师"语重心长"地教育着的熊孩子一样！

我不知道会不会有人觉得我莫名其妙，觉得她是个善良温暖的姑娘，可是，她转发呼吁的这些不是每个人都在做吗？

我有一个高中同学，她当时在朋友圈转发了调侃搞笑版的环卫大爷与扫把老头，但我知道她如果在路边没找到垃圾桶就会把垃圾装在包里带回家；我室友的外卖晚到了一个多小时，气得跳脚，但看见送餐小哥也很冷的样子却只说了一句"没事儿，算了"；我身边的每个人都会在取快递的时候对快递小哥笑着说"谢谢"；我也会在路边与室友分享老奶奶的烤红薯……

因为这种事理所当然，所以大家不会去朋友圈炫耀；因为相信周围的朋友都足够善良，所以大家不会在朋友圈呼吁别人"一心向善"；因为大家足够谦虚成熟，所以不会在朋友圈里"言传胜于身教"。

所以我亲爱的熟人姑娘，我真的觉得自己没必要花着流量钱上你那种"大家两三岁就已经学会了的"思想品德课。

我有时候甚至想点开对话框跟你说："请你相信大多数人都对这个世界抱有温柔的善意，别把你对世界恶毒的揣测表现得那么明显，我不需要你提醒我善良"。但我没有说，可能因为我善良吧。